宇都宮大学国際学部国際学叢書第5巻

越境するペルー人

外国人労働者、
日本で成長した若者、
「帰国」した子どもたち

下野新聞社

▲コラム３　ラ・ビクトリア学校：朝のラジオ体操後の国旗掲揚と神様へお祈りをする様子(2009年8月24日) スエヨシ撮影

◀ペルーの代表的な場所：マチュピチュ

▲コラム３　ラ・ビクトリア学校：小学校（日本から帰国した児童生徒がいる）(2009年8月24日) スエヨシ撮影

▲コラム３　ラ・ウニオン学校：中高生向けの
　　　　　　特別日本語学級（全員日本からの帰国者）
　　　　　　（2009年9月2日）スエヨシ撮影

▼コラム3　ラ・ウニオン学校：特別日本語学級で
ことば遊びをする様子
(2009年9月2日) スエヨシ撮影

▲2章　在日ペルー人青年グループ「リマちゃん会」(2013年12月)コハツ撮影

▲コラム8　おしゃべり会(2010年10月9日)コハツ撮影

▲コラム8　どんぐりクラブ（2010年8月14日）コハツ撮影

▲コラム8「タクタク(Tacu Tacu)：豆の煮込みとご飯を混ぜたペルー料理」（栃木県小山市のペルーレストラン「ラ・フロンテーラ」で2012年7月12日コハツ撮影）

撮影：2013月3月15日
　　　コハツ撮影
場所：リマ市、日秘文化会館

▲移住100周年を記念して建てられた。訪問する人が握手をするので手の色が変わってしまっている。

▲私はグラシア・さくらです。ペルーの子どもたちに平和と友好のメッセージを届けるために日本から来ました。

田巻松雄、スエヨシ・アナ編
『越境するペルー人—外国人労働者、
日本で成長した若者、「帰国」した子どもたち』

目次

目　　次

はじめに …………………………………………………………………… 12

第1章　出稼ぎ労働者8人の語り ……………………………………… 22

　　　第1節　解説
　　　第2節　8人の語り
　　　コラム①②③

第2章　日本で成長し大人になった若者たち ……………………… 112

　　　はじめに
　　　第1節　日本で成長した在日ペルー人の子どもとは
　　　第2節　日本での生活が意味したこと
　　　第3節　最終学歴が意味したこと
　　　第4節　帰国希望の有無
　　　おわりに
　　　コラム④⑤

第3章　ペルーと日本を行き来する子どもたち
　　　　―日系人児童生徒の二重準拠枠の構築を視野に入れて … 150
　　　第1節　問題意識と理論的枠組み
　　　第2節　日秘移住小史
　　　第3節　調査の概要
　　　第4節　調査結果の整理・検討
　　　第5節　DFR（二重準拠枠）に関する考察
　　　おわりに
　　　コラム⑥⑦

第4章　在住ペルー人の生活と意識―アンケート調査結果より … 176

はじめに
第1節 調査対象者の属性
第2節 主な集計結果
第3節 子どもの教育に対する意識
第4節 定住への傾向
第5節 自由記述
おわりに
コラム⑧⑨

参考資料①（アンケート調査集計結果） ……………………… 194

参考資料②（アンケート調査自由記述） ……………………… 204

おわりに ………………………………………………… 226

はじめに

　本書は、ペルーにルーツがある人々（以下、基本的にペルー人）に焦点を当てたものである。主に取り上げたのは、出稼ぎ外国人労働者として日本で暮らしてきたペルー人、その子どもとして来日し日本で成長して大人になった若者のペルー人、そして一定期間日本で暮らした後にペルーに帰国した子どもたちである。かれらの多くは日系人である。

　本書刊行の背景としては、田巻が外国人児童生徒教育問題についての研究と地域貢献を続けてきたことと、日系ペルー人であるスエヨシおよびコハツと出会ったことが大きい。

　田巻は、国立大学が法人化した 2004 年度以降、外国人児童生徒教育問題に関する研究プロジェクトを研究代表者として推進してきた。大学の地域貢献が一層求められるようになった状況下で、国際学部は議論を重ね、特に日本語指導を必要とする外国人児童生徒への支援を目的とする研究プロジェクトを立ちあげた。このプロジェクトは 2010 年度から文部科学省の特別経費プロジェクトに採択され、様々な関係者が手と手を取り合って進めていこうという意味を込めた HANDS という名称で今日に至っている。HANDS が誕生するまでの経過と HANDS が取り組んできた事業の内容については、拙著『地域のグローバル化にどのように向き合うか―外国人児童生徒教育問題に焦点を当てて―』（下野新聞社、2014 年）のⅢ部で詳述したのでご参照いただきたい。

　スエヨシ・アナは 2006 年度に本学部に赴任して以来、HANDS に継続して関わってきた。コハツ・ホセは 2012 年度に三年次編入生として国際学部に入学し、現在、大学院国際学研究科博士前期課程の 1 年生である。昨年度HANDS の下に学生組織（HANDS Jr）が立ち上がったが、その中心的なメンバーであった。

　2 人を簡潔に紹介しておきたい。

12

スエヨシは　ペルーの北部に位置するランバイエケ州チクラヨ市に生まれた。スエヨシの父は沖縄出身で、2歳の時にスエヨシの祖父に呼び寄せられる形でペルーに渡った。スエヨシの母はペルー生まれであるが、その父親も沖縄出身である。スエヨシはチクラヨに中学校卒業まで暮らし、その後リマの大学に進学した。大学の研究所でアシスタントとして働いたのちに、財務大臣のアドバイザーチームの一員としての仕事を得る。その後、キャリアアップのために大学院への進学を目指し、筑波大学大学院の国際政治経済研究科へ進学する。修士課程、博士課程、外国人研究者として、ペルーとラテンアメリカの財政政策と市場経済における政府の役割についての研究を進める。帰国の準備を進めていた際に本学部の教員公募（ラテンアメリカ論、スペイン語）を知り、応募し採用された。赴任後、HANDSに関わることで、外国人労働者と外国人児童生徒、特に同じ国籍を持つペルー人の労働者と子どもの教育環境に対する関心を深める。これまで、リマやチクラヨで帰国した子どもたちに対する調査を数回行っている。

　コハツは、父ペルー人、母沖縄系日系2世（ホセの祖父母は沖縄県出身で1930年前後にペルーに移民）の子としてリマに生まれた。小学校3年まで日系人学校のラ・ビクトリア学校に通学した。日本に出稼ぎに来ていた両親に呼び寄せられて1992年に初来日した。公立小学校2年生の3学期に編入後、小学3年生の夏休みまで取り出し授業を経験、その後公立中学校修了後、一般入試で県立高校に入学した。英語とスペイン語の勉強のために東京の専門学校に進学し、専門学校修了後、ペルーに1年間の予定で帰国（スペイン語習得のため）したが、結局6年間滞在した。この間、ペルーで数年日本語教師をしたほか在ペルー大使館領事部に2年半勤務した。また、日本から帰国した子どもたちへの支援としてどんぐりクラブの代表とおしゃべり会の発起人と代表を務め、在日ペルー人、帰国した子どもに興味関心を持ち始める。スエヨシとコハツはどんぐりクラブで初めて会っている。再来日後、一度就職するが、学力向上と在日ペルー人に関して学びたいという思いから本学部に3年次編入

学を果たす。一度就職を決めたが、研究継続目的のため就職を辞退して大学院に進学した。

　HANDS が主に対象にしてきた栃木県は南米系児童生徒の割合が高いという特徴がある。栃木県内の日本語指導が必要な児童生徒 575 人（2012 年 5 月、文科省調べ）の母語別内訳は、スペイン語 221 人（38.3%）、ポルトガル語 173 人（30.0%）、フィリピノ語 66 人（11.4%）　中国語 41 人（0.7%）となっており、スペイン語が一番多く、次にポルトガル語が来る。両者を合わせると 7 割近くを占めている。日本で暮らす外国人児童生徒で母語をスペイン語とするもののほとんどはペルー人である。

　過去 4 回実施した中学校卒業後の進路状況調査では、南米系生徒の高校進学率が他の外国人生徒に比べて相対的に低いという結果が出ている。一方で、同じ南米系といっても、ブラジル人とペルー人では非常に大きな違いがあるという話題が時々出ていた。外国人労働者と外国人児童生徒に対する先行研究では、ブラジル人関連の研究に比べるとペルー人関連の研究は圧倒的に少ない。そして、国際学部には毎年のように外国にルーツがある学生が入学してくるが、南米系に関して言えば、ペルー人のほうがブラジル人よりも多い。

　簡潔に言えば、HANDS の進展やスエヨシ・コハツとの出会い、先行研究の少なさ、さらにはペルー人生徒を受け入れてきた学部の環境等によって、ペルー人に焦点を当てた研究を 1 冊の本にまとめたいとの思いが強くなっていった。そのための具体的な構想を検討し始めたのは、昨年（2013 年）の春であった。スエヨシはペルーに帰国した児童生徒を追跡する調査をすでに数回行っていた。コハツは卒業論文作成のために日本で成長して大人になったペルー人の若者たちのへのインタビューを、田巻はスエヨシやコハツ等の協力を得て、出稼ぎ外国人労働者として長年日本で暮らしてきたペルー人に対するインタビューを計画した。これらのインタビューは 2013 年 7 月から半年ほどかけて行われた。2014 年 6 月からはペルー人に対するアンケート調査を計画し、8 月から 9 月にかけて実施した。本書はこれらの作業をまとめ、日本と関わりをもったペルー人の

生活状況や意識等に接近しようとしたものである。

　ここで、ペルー社会および日本とペルーの関係（日秘関係）史に関するいくつかの事項を取り上げ、簡潔に紹介しておきたい。

「中南米で最初に国交を結び、移住した国」

　南米諸国のうち日本と国交を樹立した最初の国がペルーである。ペルーは、1873 年 8 月 21 日の日秘和親貿易航海仮条約の署名により、中南米で最初に日本と国交を結んだ。これはマリア・ルス号事件（簡易年表参照）をきっかけとして両国が接触を持ったことを直接の原因として条約交渉がなされたことによる。1899（明治 32）年には第一回日本人契約移民（男子だけの 790 人）がペルーへ渡った。1903（明治 36）年には女性を含む家族移民の送り出しが行われるが、1906（明治 39）年には、契約期間は従来の 4 年から大幅に縮減される。そして、契約移民は 1923 年で禁止、それ以降は「呼び寄せ移民」となる。

「反日政策・感情」

　ペルーでは、1930 年代に排日的政策が展開される。このことには、日米間の緊張関係の深まりとともに、日系ペルー人が①リマのような大都会に多数集住していること、②経済的にペルー人と競争的であること、③分離主義的であることなどが関係していたといわれる。そして、1940 年には、リマにおける反日大暴動が勃発する。ペルーにおいて特定の民族集団が狙われた唯一の歴史的な出来事である。1941 年に日米開戦が起きると、ペルーも日本に宣戦布告し、開戦後は直ちに日本語新聞と日本人学校を閉鎖、翌年邦人資産は凍結され、日本との国交も断絶した。ペルーによる国交断絶によって、「邦人社会」は事実上崩壊したといわれる。1942 年から 47 年にかけて、ペルー政府は、約 2000 人の日系ペルー人をアメリカの戦時収容所に強制送還している。

「日本語教育・使用の衰退」

　ペルーでは、戦前日本語教育は盛んであったが、戦中の日本語使用禁止政策以降日本語教育は衰退した。また、戦後日本人のペルーへの移住が制限された。これらが原因となり、日系人の日本語使用は衰退した。1966 年と 1989 年に全国の日系人を対象にした大規模調査が行われているが、1989 年調査によると、48.1%の家庭で 1 人も日本語を使わないという結果が出ている。日本語使用に関しては出身地も大きく影響したといわれる。66 年調査で、1 世の 58%が沖縄出身であるという結果が出ているが、沖縄方言が使われた場合、家庭は日本語を伝承する場にはならない。また、日系人と非日系人との交婚率は、66 年調査では男性 13%、女性 8%、89 年調査では男性 35%、女性 31%で、高くなる傾向にあった（『ペルーを知るための 62 章』328-330 頁）。戦前から日系人がペルー社会へ溶け込み、非日系人との婚姻も多いペルーでは、日系人で日本語を話せる人の割合は約 10%といわれる。ブラジル含む他の南米諸国ではその割合は約半数といわれる。

「日系人の日本への出稼ぎ」

　1980 年代後半および 1990 年代初期にみられた、市民の暴動（テロ）、貧困の持続、激しいインフレ等の状況は、日系人の出稼ぎプッシュ要因となる、当時、ペルーはラテンアメリカのなかで最も不安・危険な国の 1 つと認識されていた。そのような状況の中、リマ出身で日系 2 世のアルベルト・ケンヤ・フジモリ・フジモリ（Alberto Ken'ya Fujimori Fujimori）が 1990 年に大統領に当選する。日本人に出自を持つ人間が日本以外の国で大統領に選出された初めての例である。フジモリによる国家復興にともなう痛みは日系中産階級を直撃したといわれる。以上のような背景のもと、若い日系人数万人が日本へ向かうが、それは、ペルーの日系人社会への激しい挑戦という性格を持っていた。

　以下、日本に出稼ぎにきたペルー人の特徴をブラジル人との比較を視野に入れていくつか整理する。まず、その背景としての日系社会に言及すると、日本か

16

らペルーへの第一回移民（790 人、1899 年、）とブラジルへの第一回移民（860
人、1908 年）がほぼ同数であったのに、その後の歴史的展開の中でペルーの
日系社会はブラジルのそれに比べてはるかに小さなものになっていく。海外日
系人協会（2013 年度）によると、ペルーの日系人は約 8 万人であるのに対し、
ブラジルのそれは約 150 万人である。ちなみに、アメリカの日系人は約 130 万人、
カナダは約 10 万人である。

「在留ペルー人数」

　日本において南米人が急増したのは 1990 年以降のことである。在留ペルー人
は、1989 年 864 人、90 年 10,276 人、91 年 26,281 人、92 年 31,051 人と推移し、
2001 年に 5 万人を超える。最も数が多かった年は 2008 年で 56,050 人であった。
2013 年 6 月現在では、48,995 人となっている。ブラジル人は、89 年 14,528 人、
90 年 56,429 人、91 年 119,333 人、92 年 147,803 人と推移し、2001 年段階で
は 25 万人を超える。最も多かった年は 2007 年で、313,771 人であった。2013
年 6 月現在は 185,694 人となっている。ペルー人の数はブラジル人の平均 1 ／
6 〜 1 ／ 5 程度で推移してきたが、母国の日系社会のサイズを踏まえると、ペルー
人のほうが大量移動したと言える。

「地域分布」

　ブラジル、ペルー人ともに、日本のバブル経済崩壊以降、その影響が比較的
少なかった東海、中部、近畿圏へと集住地域を移動させていく傾向を見せなが
ら、ペルー人の過半数は関東圏での居住分布を今日まで維持してきた。ブラジ
ル人の居住地域分布は日本の経済状況に敏感に反応し変化する傾向があるの
に対し、ペルー人はその傾向が弱い。また、ブラジル人集住地域がいくつかあ
るのに対し、ペルー人の場合、集住地域が極めて少ない（後藤、2008、38-39 頁、
柳田、2011、237-242 頁）。

「在留資格」

　日系南米人の場合、定住者のビザで来日し、定住志向を強める中で永住者のビザを取得するのが一般的である。一般の外国人の場合には、通常 10 年以上継続して日本に居住していることが永住許可申請の要件として課せられるが、日系人の場合にはそれが 5 年に軽減されているため、入管法改定期に来た者は 1995 年以降、永住許可申請が可能になった。永住権許可の取得が顕在化する 1996 ～ 1998 年にかけて、ブラジル人は永住権取得の絶対数でさえペルー人に比べて少なかった。在留資格という点から見て、在日日系ペルー人はブラジル人よりも早い時期から永住許可獲得への動きを見せた。

「帰化」

　帰化許可者の原国籍に関する唯一の資料である「国籍別帰化許可者数」（2008 年度）によると、ブラジル 342 人が前年末の外国人登録者に占める割合は 0.11％で、ペルー人 254 人 が前年末の外国人登録者に占める割合は 0.43％であった。参考までに、フィリピン 208 人の場合は 0.10％で、ベトナム 179 人の場合は 0.49％であった。ペルーはベトナムと共にかなり高い割合で帰化者を出しているグループであり、ブラジルはフィリピンと共に平均（0.16％）よりも帰化者の割合が低いグループである（柳田、2011、243-244 頁）。

「日系人帰国支援事業」

　リーマンショック後、日本政府は日系南米人の帰国を支援する事業を 2009 年に実施したが、その結果、帰国したペルー人は 903 名で前年末外国人登録者に占める割合は 1.5％、帰国したブラジル人は 20,053 人で、前年末外国人登録者に占める割合は 6.4％であった。帰国したブラジル人は実数でペルー人の 22 倍、外国人登録者における割合においても 4 倍以上であった（柳田、2010、19-20 頁）。

　さて、出稼ぎブームの初期には日本語能力の欠如、日本社会・文化への認

識の欠如、ニセ日系人や不法滞在者等の様々な問題があり、日系ペルー人の否定的な側面が強調されていたといわれる（柳田、2011、234頁）。しかし、一定の要件や資格が要求される永住許可や帰化許可申請の動きについてみると、在日ペルー人はブラジル人との比較の上で、相対的に短期間のうちに、より長期的な生活戦略へとシフトしていったと言える。また、日系人帰国支援事業におけるペルー人における相対的な出国者の少なさは、ペルー人の日本での定住傾向を反映していよう。

　一般に、外国人労働者は、次に2つのタイプに大きく分類される。第一は、長期的には将来の帰国を希望しながらも、安定した就労環境と子弟に対する教育環境とを重視し、可能な範囲で日本社会との関係構築を志向しつつ結果的に定住化に向っていくグループである。第二は、労働市場の動きに敏感に反応しつつ、より良い労働条件を求めて比較的容易に居住地を変えていくグループである。日系ペルー人の多くは前者のタイプに近いと思われる。

　改めて、本書の性格について触れる。本書は、ペルーにルーツがある人びとのうち、外国人労働者として日本で暮らしてきた人々、日本で成長して大人になった若者たち、帰国した児童生徒に焦点を当て、かれらの生活の様子や意識を出来るだけ多面的に明らかにすることを目的にして行った調査研究をまとめたものである。主な手法はインタビューとアンケートである。日本でのインタビューの対象者は主に人的ネットワークを通じて探した。アンケートは、栃木県内の関係者（ペルー人レストラン、ペルー人の店舗、国際交流協会等）の下に一定期間調査票を置かせてもらい、来訪した人に回答してもらうという方法と、ペルー人と人的ネットワークを持つ関係者に協力を依頼する方法を取った。ペルーでの調査は、主に帰国して日系人学校に通っている子どもたちを対象にした。

　本書の構成は以下の通りである。

　第1章「出稼ぎ労働者8人の語り」（田巻）は、1990年前後の出稼ぎブームの時期に来日し、日本で長い間働いてきた8人の語りを掲載した。この8人

には2組の夫婦が含まれる。日系人4人、非日系人は4人である。かれらは当初長くて3年程度働いた後帰国する計画を持っていたが、結果的に滞在は長期化した。1ケースだけ、日本に来てからペルー人と結婚し子どもをもうけた。あとのケースは、親が先に来日し、子どもを呼び寄せている。7人（夫婦2組の4人含む）の子どもは大学進学を果たしている。出稼ぎに至った経緯、家族呼び寄せ、滞在の長期化、仕事、日本語、文化、子どもの教育等に関する1人1人の語りを収めるとともに、全体的な傾向を解説した。

第2章「日本で成長し大人になったペルー人の若者たち」（コハツ）は、出稼ぎの親に伴って来日したペルー人の子どもたちが日本で成長し大人になっていく過程とそれに影響を与えた諸要因の分析を試みた。最終学歴が日本での生活の「安定」「成功」「満足」等を大きく規定するという立場から、最終学歴別に20代〜30代の16人の調査対象者を選出した点に大きな特徴がある。ペルー人の若者たちが様々な苦労を経験しながらも、家族に支えられて今日に至っている過程が多面的に描かれている。

第3章「ペルーと日本を行き来する子どもたち―日系人児童生徒の二重準拠枠の構築を視野に入れて」（スエヨシ）は、一定期間日本で暮らしペルーへ帰国したこどもと日本で生まれてペルーへ初めて「帰国」した子どもに焦点を当てている。本章は、日本・ペルー間の移民の歴史と1990年以降の日本への出稼ぎペルー人の出稼ぎ形態の変遷に触れた後、主にリマの日系人学校に通う子どもを対象に、アンケートとインタビューを通じて、日本とペルーの生活全般と学校生活に対する子どもたちの意識と評価を探っている。スエヨシは、この作業を通じて、特にアメリカにおける移民研究で重視されてきた移民特有の二重準拠枠（DFR）が子どもたちに芽生えつつあることを指摘し、今後日本とペルーを行き来するかもしれない子どもたちに大きな影響を与えるだろうと展望している。なお、本論文は、*The International Journal of Interdisciplinary Social Sciences*（Vol 5, Number 12, 2011）に掲載された論文に加筆・修正したものである。

第4章「在留ペルー人へのアンケート調査報告」（田巻）は、141人のペルー

人から回答してもらったアンケート調査結果をまとめたものである。この調査は栃木県内の関係者への協力の下で実施したが、回答者には6人の栃木県外の在住者が含まれている。調査票はスペイン語と日本語の2種類を用意したが、1人を除く140人がスペイン語で回答した。調査は主に生活全般についての実情と子どもの教育に対する意識を探ることを目的に実施した。日本に来てからの生活全般に対する満足度に関する設問では、115人（91.5%）が「満足している」「おおむね満足している」と回答した。自由記述では、南米系児童生徒の進学問題と生活全般に関する意見を聞いた。

　以上の本文のほかに、本書では、ペルー社会と日秘関係の理解に役立つと思われる9つのコラムを収めた。①「1990年前後のペルーの政治・経済情勢：出稼ぎのプッシュ要因」、②「ペルーの教育制度」③「リマ市の日系人学校」、④「リマの日本人学校」の4つは、スエヨシが担当した。⑤「ペルーの学校での採点方法と成績表」、⑥「ペルーの学校の履修科目」、⑦「ペルーの学校の校則」、⑧「どんぐりクラブとおしゃべり会」⑨「ペルー料理への誘い」の5つについては、コハツが担当した。巻末には日秘関係の簡易年表を収めた（田巻　松雄）。

参考文献

・後藤政子（2008）「『定住なき』日系人労働者—グローバル化時代の雇用形態の変動と外国人労働者」神奈川大学人文学研究所『在日外国人と日本社会のグローバル化』お茶の水書房。

・ダニエル・M・マスターソン（2008）「ペルーの日系人：移住初期の経験とその後」足立伸子編著『ジャパニーズ・ディアスポラ』新泉社。

・柳田利夫（2010）「在日日系ペルー人の移動と定住」『ラテンアメリカ時報』No.1392。

・柳田利夫（2011）「在日ペルー人の生活戦略 - 在日ブラジル人との比較を通して」三田千代子編著『グローバルな時代で生きるとは　日系ブラジル人のトランスナショナルな暮らし』上智大学出版。

・山本岩夫ほか編（2007）『南北アメリカの日系文化』人文書院。

・『ペルーを知るための62章』（2004）明石書店。

第1章　出稼ぎ労働者8人の語り

第1節　解説

はじめに

　本章は、8人のペルー人の語りをまとめたものである。8人の対象者はすべて1990年前後のいわゆる出稼ぎブームの時期に来日した外国人労働者で、それ以降、20数年に渡って日本で暮らしてきた人々である。この間、ペルーに一時帰国した人もいれば、一度も帰国していない人もいる。インタビューは、出稼ぎ目的で来日した背景、日本での仕事と生活、子どもの教育に対する想いなどを全般的に知るという目的で行った。

　本節では、8人の語りに先だって8人のプロファイルを示すとともに、「日本語能力」、「仕事」、「出稼ぎから定住へ」、「子どもの教育と帰化」の4つの事項についての語りをまとめ、最後に若干の解説を加えた。

　インタビュー対象者の簡単なプロフィールを表1に示した。AとBおよびCとDは夫婦である。Gは、日本に先に来ていた彼女を追うようにして来日し、日本で結婚して家族を形成し子どもをもうけた。その他の家族は、夫が先に来日して妻と子どもを呼び寄せたケース（A・B、C・D、H）、夫婦で来日し子どもを呼び寄せたケース(E)、母が来日し子どもを呼び寄せたケース(F) に分かれる。呼び寄せの期間は、来日してから半年〜1年半である。H以外、大学に進学した子どもを有する。出身地は1人がワチョで、その他はリマ市である。

　インタビューは、A、B、E、G、Fに対してはスペイン語の通訳を介して行い、C、D、Gに対しては直接スペイン語で行った。EとHの語りには、配偶者の語りも部分的に含まれている。なお、在留資格上では、「日系人」には日系人と結婚した非日系人も含まれるが、表中の「日系」と「非日系」の区別は日本人の祖先を持つか否かに基づいて行っている。

表1 インタビュー対象者のプロフィール

	性　別	来日年	日系か非日系か		性　別	来日年	日系か非日系か
A	男性	1990年	日　系	E	男性	1990年	非日系
B	女性	1991年	非日系	F	女性	1992年	日　系
C	男性	1991年	日　系	G	男性	1992年	非日系
D	女性	1991年	非日系	H	女性	1990年	日　系

1　プロフィール

　Aは、経済的理由等で大学を中退した後、リマでいくつかの仕事に就いたが、スーパーインフレの影響などで物価は上がる一方で給料は減り、貯金も使い果たして生活の見込みが厳しくなり、1989年に妻と子どもをペルーに残して単身で来日した。80年代末には出稼ぎ先として日本とカナダという選択肢があったというが、すでに来日していた叔母からの情報提供を受け、また叔父から日本への出稼ぎを斡旋する仲介業者を紹介してもらったことで、日本への出稼ぎを決めた。来日当時の年齢は34歳であった。

　最初に勤めたのは、トラクター関連の工場であった。働き始めて1年くらい経ったときに、会社の許可を得て家族を呼び寄せるための書類の手続きなどをするために一度帰国した。この工場での勤務はおおよそ3年で、バブルが崩壊したあとに外国人が全員解雇される形で職を失った。次に日本人の知人の紹介でクレーン車のキャビン製造工場での仕事に就いた。2年くらい勤務した後、ペルーでの家の購入を目的とした一時帰国のための休職を申し入れたが認められず、この工場を辞した。3か月ペルーで滞在した後に帰国し、ブラジル人の仲介業者の紹介でパーカー（処理加工）系の工場での仕事を見つけ、現在に至っている。現在の工場には約15年勤務している。

　Bは、Aが来日してから約1年後に、Aから日本での滞在が可能になったと連絡をうけ、長女（当時2歳）を連れて来日した。Aが日本へ出稼ぎに行くときにBが長女とペルーに留まったことには、当時日本へ出稼ぎに行けるのは日系人だけだという噂があったこと、Bが比較的安定した仕事を有していたこと、Bが日本の状況について全く何も知らなかったこと等が関係している。

Cは、1991年に妻と子どもをペルーに残して単身で来日した。来日当時37歳であった。日本への出稼ぎを決めたのは、結婚後、地方での仕事の契約が切れてリマに戻ったが、リマで仕事に就くことが出来なかったからである。新聞に掲載された日本への求人情報を見て、日本語が出来る叔母に書類を作成・応募してもらったところ、日本人の仲介業者を通じて、迅速に日本での仕事が見つかった。日系人ではあるが日系社会との関係は希薄で、日本へ出稼ぎに行くことは当初全く考えていなかったと言う。来日当時は2年で帰国しようと考えていた。また、大学で勉強したのに日本へ出稼ぎに行かなければならない点に複雑な気持ちを感じていた。

日本での仕事は何度か変わっている。最初の仕事は自動車工場勤務であったが、不況の為か、外国人が全員解雇された。退職の際、全く内容が理解出来ない書類にただサインするように指示されたという。内容については何の説明も受けなかった。その後、仕事は、工事現場、食品会社の工場、レンズ関連の工場、トナーカートリッジ関連の工場、液晶テレビ関連の工場などと変遷した。

Dは、Cが日本に来てから約半年後の1991年に、当時1歳になる直前の子どもとともに来日した。当初の滞在予定は2年で、2年間日本で仕事をしようと思っていたという。夫婦ともに日本に出稼ぎにきた大きな理由はペルーの経済危機が原因であり、両者ともペルーで仕事を有していたが、その仕事だと子どもに良いレベルの教育を与えることが困難なことと、それまでの生活水準を維持出来ないと思ったことであった。

来日1か月後にCと同じ工場に勤務し、3年近く働いた。その工場を解雇されて以降はCと一緒に工事現場で働いた。Cの滑車を引いている姿を見ながら、Dは自分が工事現場や工場で働くことになるとは考えたこともなかったと感じていた当時の心境を語った。この工事現場を辞めてからは、Dの職歴はCと異なっている。マンション購入のために一度ペルーに帰国してから再び日本に戻ったが、当時長男を妊娠していた。そのような状況下で、ブラジル人の

24

知り合いを通して条件の良い内職（出荷前のテレビやパソコンの液晶画面に小さな電球を１つ１つ付けて行く作業）を得られた。Dは「奇跡の内職」と語っている。その後、派遣会社でスペイン語とポルトガル語を使う仕事に６年ほど就き（リーマンショックまで）、その後は教育委員会の依頼を受けて小学校の学級支援担当の職を得て、今日に至っている。

　Eは、ペルーのリマで生まれ、公立の小学校と高校を卒業後、中国系の会社で６年間働いた。その後、独立して自営業を営んだが、インフレーションの影響を受けて倒産したため、妻と２人で1989年より２年間アメリカへ出稼ぎに行った。２年間のうち６ヵ月は観光ビザで、残りの１年半は「不法滞在」の形で暮らしながら、パン屋で夜勤の仕事を続けた。将来的に２人のこどもをアメリカに呼び寄せることを計画していたが、Dの父親が病気になったために夫婦で帰国した。帰国して数か月後に父親は亡くなった。その頃は日系人の日本への出稼ぎがとても盛んな時期で、妻が日系であること、妻の弟がすでに日本へ出稼ぎに行っていたことなどを考慮して、日本への出稼ぎを決めた。

　ペルーの仲介業者を通じて、夫婦で観光ビザで1991年に来日した。Eのその時の年齢は37歳である。仕事が出来る限り日本に滞在したいという気持ちであった。夫婦でコンクリート会社に入り、その会社が2007年に倒産するまで勤めた。ただし、Eはコンクリートに対するアレルギーが悪化して一度会社を辞め、その後復職した。来日してから約１年半後に、会社の許可を得て、２人の子どもを呼び寄せた。

　Fは、ペルーの農業大学を卒業後、食品関係の仕事をしていた。妊娠したため退職し、しばらく主婦業をしていたが、夫を亡くしてしまい、主に家を建てるための貯金目的で友人９人と一緒に1992年に来日した。海外に出稼ぎに出る必要はあったが、最初から出稼ぎ先として日本を考えていたわけではなく、仲介業者から紹介されたのがたまたま日本であった。最初に就いた職場は３ヵ月で辞めた。その理由は仲介業者に立て替えてもらっていた旅費などを全額返済できたことと、子どもたちを呼び寄せることを認めてもらえなかったことに

ある。知り合いのペルー人から現在も勤めている食品加工の工場を紹介してもらった。ここでは、子どもの呼び寄せが認められ、日本に来てから約1年半後に3人の子ども（当時6歳の双子と4歳）を呼び寄せた。

　Gは、1992年に来日した。その時の年齢は28歳であった。ペルーの大学（法学部）を卒業したが、ペルーでは職に就いていない。先に日本に出稼ぎに来ていた彼女（現在の妻）から、日本ではお金が稼げると聞いて、貯金目的で来日した。当初は1年だけの滞在予定だったので、観光ビザで入国した。観光ビザが切れてからは、10数年「不法滞在」していた。約5年前に家族全員（夫婦と子ども2人）で在留特別許可を申請し、全員定住者の在留資格を得た。

　仕事に関しては、日本に来た時に仲介業者から古紙をトイレットペーパーに再生する工場の仕事を紹介され、今現在も同じ工場で勤務している。

　Hは、ペルーで飲料会社の配送の仕事をしていたが、厳しい経済情勢が続くなか、状況の改善を待つよりは出稼ぎに出た方が賢明と判断した。ペルーへ派遣されていた日本の派遣会社に面接に行ったところ、3日後に出発は可能かと打診され、慌ただしく出発を決めた。出稼ぎ先として必ずしも日本を希望したわけではないが、たまたま日本に働くチャンスが得られたので、26人のペルー人とともに1990年に来日した。来日に必要な費用は派遣会社が立て替え、仕事を始めてから返済するというシステムであった。当初2年間ほど仕事をして帰国する予定であったが、テロや経済危機等ペルーの情勢が危険な状態が続いていたので、来日してから8か月後に妻と3人の子ども（当時9歳、8歳、7歳）を呼び寄せた。家族の渡航費用は貯金と私物のトラックを売ったお金で工面した。主にプラスチック関連の工場で働いてきた。1年半前にペルーに帰国し仕事をしていたが、次女の3人目の子どもの世話をするためにまた日本に来た。その子供が保育園に入るまで日本に滞在し、その後帰国する予定であるという。

第1章　出稼ぎ労働者8人の語り

2　日本語能力

来日当時のかれらの日本語能力は、全般的に低い。

　最初日本に来た時の私の日本語レベルは完全にゼロでしたね。全く何もわかりませんでした。私は日系人ではなく主人が日系だったのですが、主人も「こんにちは」、「おばあちゃん」などといった簡単な単語くらいしかわかりませんでした。(D)

　日系ペルー人の場合でも日本語能力が低かったことには、何よりも日本語が話されない家庭での言語環境が背景にあったと言えるであろう。

　来日した当時は、簡単な単語くらいしかわかりませんでした。親は日本人でしたが、実家では日本語を全く話さなかったです。第二次世界大戦後にペルーは日本との国交を断絶したことから領事館や学校が閉鎖されました。仕事に関しては略奪行為が行われて再起不能になり、ペルーでの日系社会が機能しなくなりました。日本人であること、日本語を教えているということを理由にアメリカから強制送還される危険性もありました。そういった危険性から身を守るために出生届を出さない人もいました。ペルーと日本が国交を再開した後も、いずれ自分が日本へ行くということは全く考えていなかったのです。そのため、日本語を勉強しようという気もなく、日本語は全く出来なかったです。(H)

　私の父親が日本人で母親がペルー人です。私は最初日系三世として来日しました。ビザの取得も容易でした。その点は有利でしたね。・・・私の両親は離婚し母方の実家で育てられたこともあるので日系社会とはほとんど接触がありませんでした。日本語の勉強も全くしていなかったですね。(F)

　日本語能力の低さには、日本への出稼ぎが必ずしも計画的に検討されていたわけではなかったことも関係しよう。

27

日系だからそれを意識して日本に来たという訳ではないですね。ペルーから出て働く必要があったからです。必ずしも日本でなければいけなかったのではないです。その時、別の国を言われたらその国へ行っていました。(F)

　僕は日系人ですが家族以外の日系人とはあいさつ程度の関係にしかならなかったです。運命のいたずらなのかわかりませんが日本へ来ることなど考えたこともなかったです。行くとしてもアメリカや他の国を想像していて、とにかく日本は視野に全く入っていませんでした。(C)

　Ｃの場合は派遣会社で面接した際、「丁度3日後に日本へ発つ便があるからそれに乗れるかと言われたので乗るしかなかったです」という形で来日している。また、Ｅの場合は、父親が病気になって出稼ぎ先のアメリカから帰国したが、3か月後に父親が亡くなったことと当時の日本への出稼ぎブームのなかで日本行きを決め、父親が亡くなってからおよそ2か月後に日本に来日している。このように、出稼ぎに行く必要性に迫られていたなかで急遽日本行きが決まり、日本の社会・文化や日本語も知らず、慌ただしく日本に来たケースが多かったのではないだろうか。

　筆者は今回スペイン語の通訳を介して3人の男性に話を聞いたが、インタビューのなかで何度か日本語でのやり取りがあった。その際、20数年日本で暮らしている割には、日本語が上達していないと感じた。このことには、職場での労働環境が深く関係していると言える。

　日本に来てから工場で働くにあたって日本語ができないからといって困難ではありませんでした。というのも、ラインで作業するにあたって一度教えてもらったらその繰り返し作業が12時間ずっと続くので、あまり困らずに仕事ができました。また当時はペルー人とブラジル人だけでしたが、外国人が100人近くいたため、工場側からの配慮としてポスターなどで安全面や組み立ての順番に関してのスペイン語

ポルトガル語での表示、標識があったため仕事はやりやすかった。ブラジル人は私たちペルー人よりも日本語が良くできたし、日系社会としてよりまとまっていたと思います。ブラジル人が通訳のような形で必要な状況を提供してくれたので、日本語がわからなくてもそれほど困りませんでした。(A)

　作業が単純作業だったため、一度覚えてしまえば、日本語はそれほど必要ありませんでした。良かったこととして、会社側がペルー人従業員のために日本語の先生をつけてくれました。(E)

　Gは、工場の作業現場では常に外国人(ブラジル人とペルー人)とペアで仕事をしてきた。その現場を含めて工場で日本人と話す機会はほとんどない。

　以上の事例から類推されるのは、日本語が良く分からなくても出来る仕事に就き、そのような環境で仕事を継続しても日本語能力が上達しない外国人労働者の姿である。また、「当時の仕事の時間帯とか、仕事の量からして、勉強する時間というのはほとんど取れませんでした」(B) とあるように、長時間労働のために日本語を勉強する時間が十分取れなかったという事情も関係しよう。

3　仕事

　仕事に関する話の中で印象的だったことは、出稼ぎに行く際に、全体的に仕事に関する簡単な情報しか与えられていないことであった。仲介業者から提供されたのは、日本に行けば仕事があること、日本語がよく分からなくても仕事は出来ること、ペルーで働くよりも高い賃金が得られ貯金が出来ること、等の情報に限られている。契約期間を含め契約内容について十分な説明を受けた者はいない。

　Aは、比較的詳細な説明を受けた一人である。

　私を含めて10人ぐらいのペルー人が日本人の派遣業者の家に行ってビデオを見

せられました。その部屋では、2つの工場のビデオを見せられ、どちらかを選ぶことが出来ると説明を受けました。また、給料は20万円から30万円くらい、安い値段で家を借りられること、出発日も決められていること、旅費に関しては毎月給与から差し引かれることなどの説明を受けました。（A）

　しかし、実際には、Aはビデオの内容からは想像できないライン作業の厳しさを知ることになり、それもあって体重が20キロも減ってしまったという。

　働く環境に関して、ビデオでは騒音などの悪い条件のものは映し出されていませんでした。ライン作業に関しては、実際の現場では、働くにあたって作業を早くしないと後ろから仕事がどんどん回ってくる、また自分も次の人にどんどん仕事を回していく、そういうプレッシャーの中で仕事をするわけですが、ビデオからはそういうことは全く想像できませんでした。この点に関してすごく大きなギャップを感じました。また、2時間続けで作業することに関しても、事前説明では全く聞いていませんでした。休みなしの2時間の労働、5分の休憩、また労働と続く作業の内容に関しても、全く知らされていなかったためすごくギャップを感じました。（A）

　Aによると、最初に勤めた工場での労働時間は平均して12時間。平日は8時から21時までで、時には21時を過ぎることもあった。土曜日は8時から19時までの勤務で、休日は日曜日のみであった。
　海外へ出稼ぎに行く人にとって、どんな労働現場が待ち受けているかは行ってみなければ分からない世界、というのが一般的だろうと推測される。換言すれば、外国人労働者は主体的に仕事を選ぶことが出来ない人々である。なお、日本で仕事を始める際にも、あるいは解雇された際にも、十分な説明はなく簡単な手続きで済まされている。先にプロファイルでも示したが、Cは「退職する前、書類にサインさせられたのですが、通訳の人はその書類にサインするようにとだけ言い、文面に何が書かれているのか教えてくれなかったです。多分、希望退職の書類だったの

かもしれません。そして皆退職しました」と語っている。

　ところで、日本政府が「原則として、単純労働分野での外国人の就労は認めない」という政策を堅持してきたこと、しかし、実際には「定住者」等の在留資格で来日した日系南米人や研修生、非正規滞在者が製造業や建設業などの「単純労働分野」で数多く就労してきたことは良く知られている。今回の8人の場合の職場も、ごく一部を除いて、「単純労働分野」であり、かれらはいわゆる肉体労働者であったと言える。

　度々指摘されてきたことではあるが、「単純労働」という言葉は、「仕事の内容が単純で容易」だという誤解を招きやすい。また、一般的に言って、われわれは、多様な人々が従事している仕事の現場を見る機会がほとんどない。今回のインタビューの過程で、Gの労働現場を見学させてもらう機会を得た。Gは、来日以降今日まで同じ職場で働いてきた唯一の人物である。仕事の内容を聞いてもなかなかイメージできず見学をお願いした。

　Gは、古紙をトイレットペーパーに再生する工場で勤務してきた。仕事は、工場の3階(一番高い場所)にある作業場で大きな圧力容器に古紙を入れていく作業(窯入れ)である。圧力容器に古紙を入れ、化学液体や水を入れて、かき混ぜて溶かす。古紙をトイレットペーパーに再生するための最初の工程である。

　分別して回収された古紙は、梱包機でプレスされ1トンほどの大きさにまとめられた後、製紙工場に運ばれてきます。その古紙をトイレットペーパーに再生するわけですが、自分の仕事は1トンほどにプレスされた古紙を大体10個分容器のなかに入れるわけです。1トンほどにまとめられた古紙は1階から3階までリフトで上げられますが、3階に上がったら一気に1トンずつのブロックをそのまま容器に入れるのではなくて、1トンのブロックを少しずつ切りながら容器の中に入れていくわけです。その過程で容器の中で山の様に紙が積み上がってしまうのを避けるために入れた古紙を混ぜるという手作業が加わります。この手作業が加わること、そしてブロック10個分の古紙（10トン）を容器に入れる作業をするために、時間が1時

間から1時間半とかかります。古紙を入れ終わったら、液体を入れて混ぜて溶かすわけです。

　2014年の7月の暑い日に、約10トンの古紙を容器に入れる作業を2時間ほど見学させてもらった。3階の作業場に積み上げられた古紙をリフトで容器の穴の近くまで運び、プレスされた紙を手でほどいて穴の中に入れていく。時々、古紙が円滑に容器に入っていくように、鉄の棒で紙をかき混ぜたり、足で古紙を踏みつけたりする。積み上げられた古紙の場所から容器の穴の近くまで、リフトで10往復。古紙を運んで容器に入れる作業が、ペルー人の同僚と2人で、黙々と続けられていく。その間、2人の間には少しの会話しかない。

　Gは仕事で一番大変なことは「暑さ」だと答えた。古紙を容器に上手く落とし込んでいくための手作業もきついと答えた。転職を考えたことはなかったかという質問に対しては、長い間「不法滞在」だったので転職は出来なかったこと（一度帰国すると日本に戻れなくなるので帰国も出来なかった）、この職場は決して労働条件は良いとは言えないが信頼関係はあって解雇される心配はないこと、仕事を変えたらいつ解雇されるかもしれないという不安が出てくることを挙げた。

　暑くて埃が舞う現場で休みなく黙々と動いて、大量の汗をかきながら古紙を効率的に処理していた2人の働く姿は印象的であった。

　一般に、外国人労働者の労働条件は日本人に比べて厳しいといわれる。今回の話でも以下の指摘があった。

　日本中にある全ての派遣会社はきちんとした福利厚生を外国人労働者に与えていないと思います。ボーナスは出ないし、退職金もない。今となってわかったことです。例えば精神的な病が原因で仕事に来られなくなった日本人従業員は、その間給料の何割かはもらえる。しかし外国人労働者にはそれがない。外国人労働者にも似たような制度があるべきだと思っています。(C)

第1章　出稼ぎ労働者8人の語り

　今まで経験した仕事場にはほとんど外国人労働者がいました。日本人がやりたがらないような危険な作業や汚い仕事を外国人労働者に任せていたので、必ずいましたね。最初の職場には8人くらいの外国人労働者がいました。景気が上がればたくさん仕事をもらえるけど、下がればすぐに解雇されてしまう。そういった環境の仕事に外国人労働者は従事していました。(H)

4　出稼ぎから定住へ

　8人のなかで来日当初より出来るだけ長く日本で働きたいと考えていたのはEとその妻である。

　子どもたちを呼び寄せた時点で、日本に長くいるのだろうとは思っていました。当時のペルーは、テロ等で治安は悪かった。だから日本に残ろうと思ったし、日本で家族4人が揃っていたので前を向いて歩こうと思いました。特に仕事があって、給料もいいし、そして落ち着いた生活ができていました。息子たちは成長していたのでかれらにより良いものを与えたかったです。(E)

　仕事ができる限り滞在する予定でした。子どもを連れてくるとなるとかれらにより良い教育を与えたいと考えていました。(Eの妻)

　Fの場合、夫を亡くしてから来日し、約1年半後に3人の子どもを呼び寄せていることから、比較的長期の滞在を考えていたと思われる。Fは、日本での定住を決意した理由として、子どもの教育問題をあげる。

　当初描いていた家の購入は諦めましたね。子どもたちが来日してから子どもたちに良い教育を与えることに専念しました。それからペルーに戻るという考えは捨てて、子どもたちの教育のために日本に残ろうと思いました。(F)

33

その他の人は来日当初1～2年程度で帰国することを考えていた。

Bは、AとBの家族の滞在が長期化した理由として、経済的理由と子どもの成長をあげる。

主人と子どもと自分の3人が日本に揃ってからの当初の目標は、ある程度のお金、ペルーで家が買えるくらいお金を貯めてから、帰るというものでした。というのも、私自身、日本に来て最初の1年がもの凄く辛かったんです。どこに行っても何してよいか分からないし、言語が分からないというところから、凄く辛かったです。1年経って少しは良くはなったんですが。それでも、やっぱり2、3年くらい様子を見てお金を貯めてペルーに戻るということが、当時の目標でしたね。・・・ でも実際にそのお金が貯まったら、じゃあ次は車が買えるぐらいの貯金をしようと思いはじめ、それが貯まったら次は何か商売ができるお金を貯めよう、という感じでどんどん年月が経ってしまったという感じです。そして、そういう目標に向かっていく傍らで、子ども達が成長していくんですよね…最初に、長女が小学校6年生終わったらペルーに戻ろうと考えていた時に、ちょうど2人目の子を妊娠して、それじゃあもうちょっと居ようかという話になって。(B)

ちなみに、Aは日本に来た当時の給与はペルーでの給与の約15倍であったと話している。

Cの語りからは、日本に来てからの所得水準、生活水準の向上が滞在長期化の大きな要因となったことが推測される。

日本に来て仕事が嫌だとかは思わなかったですね。むしろ仕事が好きでした。リマから一緒に来日した仲間たちとの関係も良好でしたし、買いたい物が買えるくらいの給料をもらうことが出来ました。ペルーではなかなか得られない贅沢でした。それからある日、隣人から車をもらいました。きっと新しいのを買うために要らなくなったからくれたのだと思いますが、衝撃的でしたね。感動し

ました。その後僕は車を購入しましたがこれも日本だから出来たこと。ペルー
で生活していたら自分ひとりで車など買えなかったですよ。(C)

Gの場合は、当初1年だけ滞在するつもりで日本に来日したが、子どもが日
本で生まれて成長していく過程のなかで定住の意思を強めていった。

最初は長女が幼稚園を卒業したら連れて帰ろうとか、小学校に上がる時に
連れて帰ろうと考えていたんですが、長女が育っていく過程を見ているうちに
日本に残ってしまった。私自身日本に永住したいと思っているんですけれども、
それを決めるきっかけとなったのはおそらく長女が小学校に入ってからのことだ
と思います。日本に来てみて日本が好きになったし、子どもが出来たことによっ
て日本に残るという可能性に賭けてみたかったという気持ちも正直ありました。
5年前に在留資格を取りペルーに戻ることができるようになった(定住資格が
取得できたので日本を出国しても再入国許可が得られるようになったという意
味)にも関わらずそんなにペルーを恋しく思ったりすることがなかった。今は、
いつかはペルーに帰ろうという考えもありません。(G)

Hは、家族の日本での適応状況やペルーの政治情勢などを見ながら、徐々
に定住の意思を固めていった。

最初は、僕が試しに来日して2年間仕事をしてから帰国しようと思いまし
た。しかしペルーの情勢、特にテロや経済危機などがあり危険だったので、
8か月後に妻と子どもたちを呼び寄せることになりました。・・・妻と子どもが
来て、まずかれらが日本に適応出来るかを待ちました。そのような中で子ど
もたちは学校へ通い始め、妻は仕事をするようになり生活がうまく出来るよう
になっていったので、段々と定住する方へ考えが向かって行きました。勿論、
最初はいつか帰国したいという気持ちがありましたけど、ペルーのニュースを

見る度に状況の悪さを感じて来まして、段々と帰国の意思は薄れていきました。1993 年にテロ軍団（反政府ゲリラ集団のセンデロ・ルミノソのこと）の主犯格が捕まり、ペルーの状況が少しは良くなり始めましたが、子どもたちは日本でもう教育を受けていたので、子どもたちの教育が終わるまで日本にいようと決意しました。(H)

　以上を見てくると、滞在の長期化には、母国の不安定な経済・政治状況、子どもの教育への配慮、仕事上の苦労は少なくなかったにしても母国に比べると高い生活水準を実現してきたこと、などが関係すると捉えられる。

5　子どもの教育と帰化について

　今回のインタビュー対象者は全員、子どもの教育については高等教育までの進学を希望していた。

　ＡとＢには３人の子どもがいる。長女は大学院生であった。

　みんな、最低、大学までは卒業して欲しいという考えです。そういう風に考えるのは、お父さんを目標にして欲しいというのがあります。主人のようにちゃんと大学で勉強して欲しいのと、日本で社会に出るとやっぱり、すごく競争力があるものを求められると思うので、大学で専門性を学んでから社会に出てほしい。長女を大学まで行かせることが出来たので、２番目、３番目の娘にも同じようにして欲しい。もし彼女たちが、大学以上のことを勉強したいのであれば、それはもう本人たちの決断に任せたい。それぐらいのことは、判断できる年頃にもなっているから、彼女たちで決断をして欲しいということです。(B)

　ＣとＤは、環境の変化が子どもに悪影響を与えるということを自覚し、その点に注意を払ってきた。

子どもの進路に関して、中学を卒業したら就職という道は考えたことないです。進学して、日本にいる自分たちよりももっと上に行ってほしいと思っています。僕たちは読み書きがあまり出来ないことと日本語力などで色々と限られていますが、子どもにはそうなってほしくないです。（C）

　現在の居住地に来た当初からもう移動はしないと決めました。特に主人が住居の移動に関しては否定的でした。環境の変化が娘へ悪影響を与えると思っていたからです。ペルーから来日した当初、娘は以前の居住地にあった小さな保育園へ通っていたのですが、送ったときから迎えに行った時まで、1日中泣いていましたね。それを見て主人がもう環境を変えるべきではないと言いました。結局その後、ここへの引っ越しに伴い、娘の保育園も変わりましたが、先生方も良い方がいっぱいいまして、娘も良い環境に慣れたようでした。それで主人がこれから先、仕事を変わることになっても住居は変えないと決めました。もう娘に急激な環境の変化は与えたくないと。そのために今もずっとここで住んでいますね。（D）

　Fの3人の子どもはすべて大学を卒業している。Fは、子どもたちに最低でも高校を卒業してもらいたかったと語るとともに、子どもたちが勉強する「環境」の大切さを強調した。

　ペルーでの義務教育は日本でいう高校までなので、高校までは卒業させたいと思っていました。中卒で就職という言う選択肢は私にはありませんでした。最低でも高校は卒業するべきだと思っていましたね。大学に関しても私自身は行ってほしいと思っていましたし、子どもたちにも大学進学を考えてもらえるように言ったりしていました。
　私はいつも良い教育の環境を与えようと思っていました。例えば本が置いてあるとか、かれらが勉強をし始めたら私はテレビを観るのではなくかれらの横

で読書をするなど、そういう勉強のための環境を大切にしていました。整った環境を与えることですね。勉強する時は部屋を明るくしたり、勉強に集中出来るようにテレビをつけないなど。私はかれらに勉強を頑張ることとスペイン語で会話すること、この2つを望んでいましたし、かれらもそれが私の望みであるとわかっていたのだと思います。スペイン語を学ぶことは、親子間でコミュニケーションを取ること、ペルーへ帰った時のための準備、そしてかれらのアイデンティティ形成にとって必要なことと考えていました。だから私の望みに応えてくれたのだと思います。かれらのやる気を引き出すことですね。後は、遺伝的なものでしょうか。私も夫も勉強が好きだったのでそういったことも影響しているのだと思います。（F）

　Gには2人子どもがいるが、長女が大学の1年である。

　長女と弟の2人とも大学を卒業してもらって就職してもらいたいというのが希望です。私は、両親から、特に財産はないけど教育を受ける権利は保障してあげたいと言われて育ちました。わたしも物質的に贅沢なものを子どもたちに与えることは出来ませんが、教育を受けることに対しては最大限サポートしたいと思っています。今長女が大学に通って勉強できていることにすごく満足しています。（G）

　8人のなかで帰化した者はいない。しかし、子どもの帰化については全体的に肯定的であった。

　もし娘が帰化をすることによって、例えばその仕事を見つけやすいとか、そういう道が開けるのであれば、別に、反対はしません。子どもたちが自分のためになると考えるなら、帰化してほしいと思います。長女は前々から帰化について考えているようだけど、まだ決心はつかないみたいですね。（B）

Eの長男は6年ほど前に帰化している。

　私たちは彼にとって最善のことだと思っています。日本国籍の方が就職先も見つけやすいし、2、3年前の話しですが、ペルー人は仕事を見つけることができませんでした。ペルー人だから仕事がみつからない、ペルー人の名字だから仕事が与えられないとか解雇されていました。ビザがあっても、やる気があっても、仕事ができる状況であっても、日本語が話せても、漢字が書けても、名字だけの理由で仕事がもらえないのなら、帰化した方が彼の将来にとっていいと思うし、確実だと思いました。(E)

おわりに

　8人が1990年前後に日本に出稼ぎに来た背景としては、当時のペルーの政治・経済情勢が深く関係していた。インフレの高進や治安の悪化などでかれらは国外への出稼ぎに希望を見出すが、日本という行き先は必ずしも主体的に選び取られたわけではなかった。

　来日当時のかれらの日本語能力は総じて低い。このことには、日系人といえども家庭で日本語が話される環境にはいなかったこと、出稼ぎに行く必要性に迫られていたなかで急遽日本行きが決まり、日本の社会・文化や日本語も知らず、慌ただしく日本に来たことなどが関係しよう。日本に来てからは、日本語が良く分からなくても出来る仕事に就き、そのような環境で仕事を継続しても日本語能力があまり上達しない姿が浮かび上がっている。

　ペルーから仲介業者を通じて出稼ぎに来た際に、仲介業者からは、日本に行けば仕事があること、日本語がよく分からなくても仕事は出来ること、ペルーで働くよりも高い賃金が得られ貯金が出来ること程度の情報しか与えられていなかった。また、与えられた情報と実際の職場が大きく食い違っていたケースもあった。また、日本で仕事を始める際にも、あるいは解雇された際にも、十分な説明はなく簡単な手続きで済まされている。

１人を除いて、来日当初は短期の出稼ぎを希望していたが、滞在は長期化した。妻や子どもをペルーに残してきた場合には、比較的早い時期に呼び寄せが行なわれている。本国の政治・経済情勢を見ながら、比較的早い時期に長期的な生活戦略にシフトしていったと言える。仕事については、同じ仕事を継続して行ってきたケースもあれば、数回転職しているケースもある。ただし、居住地を数回変えたケースはない。この点について、子どもの教育環境への配慮を強調しているケースがあった。子どもの教育については、全員、最低限高校を卒業してほしいと望んでいた。自分たちの生活よりもより豊かな生活を子どもには送ってほしいと考え、そのために出来るだけ高次の教育が受けられることを望んでいた。今回の８人は、安定した就労環境と子どもの教育環境とを重視し、結果的に定住化に向かっていったグループと言える。

第２節　８人の語り

第１項　A（日系、男性）の語り

来日の経緯

　私は、1989年に日本に来ました。当時30歳で、今は54歳になりました。
　私は、父親がペルー人で母親が日系二世の家系で生まれました。私の場合は公立の小学校と中学校をそれぞれ６年、５年と卒業しました。日系の学校は私立であったため自分達には経済的に厳しく、私立に通えるだけの経済的余裕がなかったから近くにあった公立の学校へ行っていました。当時は公立の学校であっても、少数ですが自分と同じような日系の子供たちはいました。そのため、その子たちとは友達になれたし、その友達の親と接する機会があって楽しく公立の学校に通いました。ただ、経済的な条件がもし揃っていたと今考えるのであれば、やっぱり自分も私立の日系の学校に行ってみたかった。

その後大学に進学をしました。しかし、在籍期間 5 年ある内の 4 年までしか終わっていません。大学を中退した理由としては大きく 3 つあります。

　1 つ目は経済的な理由です。私自身は 16 歳、中学生だったころから仕事を始めて、自分の勉強に使うものとか身の回りの物に関しては自分で出してなるべく家庭に負担をかけないようにしてきました。また当時の大学のシステムとして 1 年目は朝の授業、8 時から 5 時ぐらいまで勉強しなければならないことと、2、3 年目になると夜間の授業を選択することができました。夜間は 6 時から大体 11 時ぐらいまでの授業でした。そのため 1 年目は時間的に仕事をするのが難しく、2、3 年目になると午前中は働き、夜勉強するという生活でしたが、すごくきつかったですね。

　2 つ目の理由として、自分が大学に入った当時というのが 1970 年代後半から 80 年代にかけての時期だったためテロ活動が頻繁で、大学自体が学生とか先生方がデモを起こして 3 ヵ月勉強したけれども半年はデモで学校が中断をするようなケースが多発したため、自分の勉強に対する気持ち、モチベーションがどんどん下がっていったということもあげられます。また当時今の妻とも知り合うことができて自分達の勉強だけじゃなくて別のプランが出来上がってきていたために、大学を辞める一つの要因としてもあげられます。

　そしてこれに関連する 3 番目の理由として、社会学と言う分野を専攻していたんですが、当時の社会学は政治やテロ活動等と内容が絡んできていた分野だったため、社会学を勉強しても将来的に安定した職業に結びつくとは考えられなかったことも大学を中退する要因の 1 つでした。

　自分がペルーで就いた仕事の内容を順番に説明すると、最初にした仕事がアイスの配達業者で、スーパーやお店に行ってアイスを配達していました。それからプラスチック関係の倉庫で荷物の積み下ろしをしました。また貴金属店でセールスマンの仕事もしました。最後に就いた仕事

がペルーでのトヨタの支店です。トヨタ自身は車とかフォークリフトとかトラクターの販売をしていましたが、自分の部署はフォークリフトや車とかの部品を主に扱い、例えば、フォークリフトのタイヤとか釣り用のボートのエンジンとか、トラクターの部品、電化製品の部品などを主にセールスする仕事に携わっていました。

　最後のセールスに携わった仕事ではまず基本給があって、その後出来高制になって自分の給料が決まっていました。80年代後半に入るとペルーの経済危機が深まり、スーパーインフレによって給料がどんどん少なくなる。今持っているお金が明日には全く使えないなどという状況が結構続いていました。自分の貯金がゼロになってしまったということもありました。結婚した直後は自分の両親と一緒に住みましたが、それをずっと継続するわけにもいかず、アパートを借りるということになりましたが、アパートを借りた月、翌月またその2か月後にはアパートの家賃が高騰し、光熱費も高騰するような状況になってきて、そういう状況では全く生活ができないということから出稼ぎを考えました。当初からいつかは家を購入したいという強い希望があったけれども貯金はゼロ、お金もたまらないという状況も出稼ぎに踏み出す理由にも繋がりました。

　1989年、90年当時は日本だけではなくてもう一つ出稼ぎに行く国がありました。アメリカは難しかったけれども日本の他にカナダという選択肢が当時の日系にはありました。ただし、自分の場合には89年に母側の叔母が既に日本に来日していたため、叔母から電話で連絡を取りながら日本での生活の状況、仕事があることとか貯金ができるというような話をよく耳にしていました。その話をする中で叔母から様々な情報を得ました。また、義理の叔父が通訳として旅行会社に勤めていました。最終的には、この叔父を通して仲介業者を紹介してもらいました。そしてこの仲介業者とペルーで面接をしました。この仲介業者は日本人でし

た。私を含めて 10 人ぐらいのペルー人がこの日本人の仲介業者の家に
行ってビデオを見せられました。その部屋では、2 つの選択肢があると
説明を受け、2 つの工場のビデオを見せられました。そして出稼ぎに行
く条件を教えられました。給料は 20 万から 30 万くらい、安い値段で家
を借りられること、出発日も決められていること、旅費に関しては毎月
給与から差し引かれる、ことなどの説明を受けました。私は K という会
社を選びました。

最初の仕事

　仕事の内容ですけども、まず金曜日に日本に到着して、翌週の月曜日
には仕事の確認、現場の確認を行った後、火曜日からライン作業に加わ
りました。K は米を植え付ける機械とかトラクター関係の作業をやって
いるのですが、自分はトラクターが出来上がるまでのラインでの組み立
て作業に従事し、K を辞めるまでその組み立て作業にずっと携わってい
ました。

　休日は日曜日だけでした。労働時間は平均して 12 時間。平日は 8 時
から 21 時まででしたが、時に 21 時を過ぎることもありました。土曜日
に関しては 8 時から 19 時まで仕事していました。それから給料に関し
ては平均して 1 ヵ月に 35 万。ただし、ここから旅費とか家賃等を引かれ
ていました。

　日本に来てから働くにあたって日本語ができないからといって特に困
難はありませんでした。というのも、ラインで作業するにあたって一度
教えてもらったらその繰り返し作業が 12 時間ずっと続くので、あまり
困らずに仕事ができました。また当時はペルー人とブラジル人だけでし
たが、外国人が 100 人近くいたため、会社側からの配慮としてポスター
などで安全面や組み立ての順番に関してのスペイン語・ポルトガル語で
の表示、標識があったため仕事はやりやすかった。ブラジル人は私たち

ペルー人よりも日本語が良くできたし、日系社会としてよりまとまっていたと思います。ブラジル人が通訳のような形で必要な情報を提供してくれたので、日本語がわからなくてもそれほど困りませんでした。

　仕事上の契約というものはなかったと思います。というのも契約にサインをした覚えもないし、そのようなものがあるとも知らなかった。また当時の仲介業者には口頭で、「あなたはもう雇用されました」というようなことを言われ、簡単な手続き行っただけで働くことになりました。Kに入ってから2、3年経ってバブルがはじけて外国人全員が解雇され、Kを出ることになりました。また、給与に関しては、当時Kでは35万ぐらいでドルに換算するとおそらく3,000ドル前後の金額なるんですけれども、当時の自分のペルーでの給料は200ドルだったので、約15倍だったことになります。

　ただし、日本に来てみるとビデオと現実のギャップにあいました。日本に来てから私は20キロも痩せてしまうほど、ビデオでは想像できなかったライン作業の厳しさなどを知ることとなりました。ビデオと現実の大きな違いとしては、まずビデオには日本人しか映っていませんでしたが、現実には日本人だけではなくてペルー人やブラジル人がいました。働く環境に関しては、ビデオでは騒音などの悪い条件のものは映し出されていませんでした。あとライン作業に関しては、実際の現場では、働くにあたって作業を手早くしないと後ろから仕事がどんどん回ってくる、また自分も次の人にどんどん仕事を回していく、そういうプレッシャーの中で仕事するわけですが、ビデオからはそういうことは全く想像できませんでした。この点に関して、すごく大きな違い、ギャップを感じました。また、2時間ぶっ続けで作業することに関しても、事前説明では全く聞いていませんでした。2時間の休みなしの労働、5分の休憩、また労働と続いていく作業の内容に関しても、全く知らされていなかったためすごくギャップを感じました。昼休みは45分でした。

次の仕事とペルーへの一時帰国

　Kを出た後は、知人を通じてトラクター関連の下請けの工場で仕事を
みつけることができました。この会社は当時は15人ぐらい募集をして
いたようでその中に入ることができました。具体的な仕事の内容として
はクレーン車とかの運転するところのキャビンを作るところで、主な仕
事の内容としてはラインじゃなくてキャビンを組み立てるものでした。
溶接作業をメインにやる仕事で、この工場に直接入る前にまず仲介業者
に行って溶接の訓練を受けました。訓練を受けた後、溶接のテストを受
けてうまくできた人にはクレーン車のキャビンを作る作業、できなかっ
た人はロボットの組み立ての溶接に回りました。ここの工場とKの工場
との大きな違いはKではずっと朝から夜まで作業をしていましたが、こ
の工場では昼勤と夜勤の2交代制で仕事をしました。当時の昼勤夜勤の
時間帯は昼勤が8時から夜8時まで、夜勤は夜の7時から朝の7時まで
でした。

　この工場で働きはじめた時も契約を特に交わした覚えは無いです。給
与に関しては35万円には届かないくらい。夜勤があったにも関わらず
35万円まではいきませんでした。この工場で2年ぐらい働いた後、ペルー
に戻りました。この時、会社側に帰国の許可を取りたいと思い、しばら
く休職をしたいと話をしましたが、会社側から、もし戻ったとしたら再
雇用するのは非常に難しいという風に忠告を受けました。でも、ペルー
へ戻りました。

　ペルーに戻った一番大きな理由としては家を購入するためだったと思
います。滞在期間は当時のチケットの滞在期間が許される3か月間ずっ
と滞在していました。ペルーへの帰国は実は2回です。最初の1回目は
Kで働きはじめて1年ぐらい経った頃に、会社の工場の許可を得て3か
月間ペルーに戻って自分の妻が日本に来られるように書類の手続きとか、
日本の自分の現状を説明するために戻りました。

2回目の帰国から戻って来て、まず、自分が知っていたブラジル人の仲介業者に連絡を取りました。その人が他の仲介業者と連絡を取ってくれたところ、現在働いているパーカー（処理加工）系の会社がちょうど1人欲しがっていたので、運良くそこに入ることができました。

　現在までこの会社には15年ぐらい働いていますが、契約をかわした覚えもないし読んだこともありません。たぶん本社が大阪の方にあると思うのですが、社長自身と会ったことがあるのは本当に数回数えるぐらいです。ここで働いて15年になりますが給料が上がったのは6年ほど前に1度だけです。この会社に限らず、日本に来てから就いた仕事では、ボーナスを一度ももらったことがありません。

振り返りと今後

　妻と出会ったのはフランス語の語学学校でした。自分は卒業するためには英語の他にもう1か国語勉強しないと卒業ができないことからフランス語を専攻して語学学校で学び始めました。妻は当時輸入会社で働いていたためフランス語を勉強していて、そこで出会い、恋に落ちた感じです。妻からすると自分が日系であることに関しては、日系というと人柄とかイメージとかで信頼を持たせるという事があったかもしれません。自分は、妻が日系だろうと非日系だろうとあまり気にしたことはありません。世代が経つにつれて日系、非日系という壁はあまりなくなってきているように思います。

　日系社会は、昔は集中していたのですが、どんどん散らばってきているのが現状です。母親たちの世代では非日系ペルー人と日系の人が結婚をするとか同棲するっていうことはあまり良く見られてなくて、それが日系社会から遠のく理由の1つでもありました。

　私自身30歳の時に日本に来ました。今現在54歳で、24年間日本に住んでいることになります。そう考えると自分の人生の半分はペルー、半

分は日本で生活を送ったことになり、自分が成長する年代とかそういう
のを考えると日本で過ごした時間が結構大きいと感じているし、日本自
体にも慣れてしまった部分もあります。おそらく 60 歳くらいで、定年
退職を迎えるころには、ペルーに戻るのではないかという風に今は考え
ています。

　私たちのように多くのペルー人が日本に出稼ぎに来ましたが、私の個
人的な視点で言わせていただくと、ペルー人に関してはみんな出稼ぎ当
初は 1 年後に帰国する、1 年後に帰国するという繰り返しをずっと続け
てきた人が多いのではないでしょうか。そのために 1 年後に帰るから車
を買わない、暑いけどエアコンも我慢する。そして子どもたちのことを
考えると日本の学校に行かせないほうが良いという考えの人たちが多く
いたと思います。

　私たちは日本で家を買いましたが、私たち家族のように家を日本で買っ
てないからといって、何もその人たちが物質的なものを持ってないわけで
もないと思います。日本では家を持ってないけどペルーでは車とか家を
持っている可能性だってあります。日本で家を買ったペルー人家族を知っ
ていますが、かれらが家を買った理由としては、自分たちのためという
よりは子どもたちの精神的な安定を得たいという理由が大きかったよう
です。アパート暮らしとか、子どもたちにいつも来年はペルーに帰ると言う
とか、引越しを頻繁に繰り返すようなことを続けると、子どもたちはその
影響を結構大きく受けると私は考えています。もちろん途中から日本に来
た子もいれば日本生まれとする人たちもいるわけですが。

　私たちも子どもたちが日本の社会に溶け込めるように、精神的に不安
定な状況にならないようにという思いを込めて、家を買うという選択を
しました。日本で家を買った人もいれば、そういう考えを持たずに日本
ではなくてペルーで何かを得ている人たちもいるでしょう。私たちは日
本で家を買う前はペルーで家を買ったのですが、結果としてはほとんど

その家を使うこともなく、今思えば無駄な買い物だったかなと思っています。

　今後、もし仕事で他に選択肢がなければ他の県に行く事は考えるけれども、外国人の多い地域にはあまり行きたくない。自分たちの娘はこの町を田舎だというけれど、落ち着きのある場所だし、浜松とか大泉のような外国人集住地域に行ってしまうと、必ずしもとは言わないけれども、落ち着きのある場所がなくなって色々な問題が発生してしまう気もする。外国人が多く集まることによって発生するような問題もあるのかなという気がする。本当に他に選択肢がなければ他の地域へ行くだろうけど、できればここに居たいと考えています。

第2項　B（非日系、女性）の語り

来日の経緯

　私は、1990年に長女を連れて初めて日本に来ました。私は非日系で、主人は日系人です。

　主人とは、ペルーでフランス語学校に通っていた時に知り合いました。その当時は、私は、フランスとの関係がある会社で勤めていて、主人の方が、TOYOTA の現地工場の方で勤めていました。主人が日系人で知り合った最初の人でしたが、結婚相手が日系人でも非日系人でも、特にそれは関係なかったですね。ただ、ペルー社会で一般的に言えることかもしれないんですけど、日系人に対して、信頼を寄せてしまう傾向があるように感じます。

　結婚してから最初の2か月間くらいは、私の両親のところに住んでいました。それから、2か月経った頃に、アパートを借りて、3人で4か月間くらい住みました。それで、主人の日本行きが決まってからは、長女と2人でそこに1年間くらい住んでいました。

結婚してから2年ぐらいして、日本に来たことになります。まず、主人の叔母さんにあたる方が最初に日本に来て、それから、主人の従姉たちが、どんどん日本に来るようになりました。当時はまだ、結婚したばかりでしたが、そういう環境の中で、日本に出稼ぎに来ることを考えるようになりました。最初は主人が1人で日本に来て、働いてある程度お金を貯めたら、ペルーに戻るという計画というか予定でした。1年経って、私と長女を呼び寄せることが可能になったということで、日本に来たわけです。

最初に主人だけが来たという理由がですが、その当時ペルーでは、日本に来られるのが、日系人だけという噂みたいなものがありました。だから最初は主人だけが来たというのもあるし、あとは、私自身がまあまあの安定した仕事を持っていたし、日本での生活の状況ということが全く分からなかったというのもあります。だから、最初は主人だけ行って、状況を確認するということで合意しました。

主人が1人で日本にいたおおよそ1年間の間は、ほぼ毎週電話していたと思います。そして、手紙は1か月に1回くらい来たと記憶しています。手紙は、まだ、保管しています。私や長女に対して心配していることとか、当時のペルーは、テロが頻繁に起きていたので、それに関してすごく心配してくれていました。もう1つが日本での生活がどういう状況なのかということが書かれてありました。私たちをすごく恋しく思っている反面、日本ではペルーにはない落ち着いた生活ができるということが手紙に書かれていました。どういう習慣があるとか、会社での仕事のリズムがどういうものかということが、たくさん手紙に書かれていました。

日本に来る前の日本に対するイメージは、機械化が進んでいるとか、何をするにもロボットがいるんじゃないかというイメージで、全体的にテクノロジー・技術がすごく進んでいるというイメージがありました。あとは、光とか、電柱とか、そういうものがどこに行ってもあるような

イメージでした。東京みたいにどこでも1日中ずっと明るい、というイメージだったんですが、実際、最初にこの街に来てみたら、そういうことが全くなくて、逆になんかちょっと暗いという印象でしたね。その理由を主人に聞いたら、ここだと電気を省エネして、その省エネした分の電気を会社の方で使っているからこういう状況なんだよ、というような説明を聞いたと思います。

　日本に来ることが決まって最初に思ったのは、不安というか、怖いというか、そんな印象でした。自分自身が安定した仕事を持っていたから、それを捨てて日本に来ることが不安というか怖い気持ちがありました。それとは反面に、家族3人がまた揃うという嬉しい気持ちもやっぱりありました。ただ、日本という国には、誰も知り合いもいない、家族もいないので、嬉しさの中にもそういう不安はありました。

　私自身は、学校時代に英語を学んでいたし、その後フランス語も学んでいましたが、日本語を学ぼうという考えは全くありませんでした。なので、日本に来るときの一番の不安は日本語でした。それに、長女が2歳くらいの年頃だったから、保育園に行かせなきゃいけないという中で、長女がどうやったら日本語をちゃんと理解できるのかという心配もありました。もう1つ、長女に関するもう1つの心配がありました。生まれてから3か月間は、私が面倒を看てたのですけれども、それ以降は私の両親、長女にとっての祖父母がずっと面倒を看ていてくれていました。それで、日本に来たら、全く知らない人達が長女の面倒を看ることになってしまうから、そういうことに対しての不安もありました。

　主人が来日した時のことですが、主人以外に4人、全員で5人日本に来たらしいんですけれども、その頃は旅行会社がある程度の人数を集めてから、その人数の旅費を出していたと思います。主人が最初にKという工場に就職して働き始めてから、大体6か月間くらいで、月に3万から4万くらいのお金を引かれていたと聞いています。それが旅費として、

50

旅行会社に支払われていたのだと思います。

　旅行会社を通して日本に来ると、その旅行会社が派遣会社と連絡して、すぐに仕事に就けるという利点があったと思います。日本に来るもう1つの方法は、安い飛行機を探してくることでしたが、そうすると、派遣会社とのコンタクトが全く取れずに、本当に1から自分達で仕事を探さなきゃいけないという状況でした。そういう状況でしたので、自分達は旅行会社を通じて日本に来ることにしたのです。

出稼ぎから定住へ

　3人が日本に揃ってからの当初の目標だったのが、ある程度のお金、ペルーで家が買えるくらいお金を貯めてから、帰るという予定を持っていました。というのも、私自身が日本に来て最初の1年というのが、もの凄く辛かったんです。どこに行っても何をしてよいか分からないし、言語が分からないというところが、凄く辛かったです。1年経って少しは良くはなったんですが。それでも、やっぱり2、3年くらい様子を見てお金を貯めてペルーに戻るということが、当時の目標でしたね。

　特に1番辛かったのは、日本語がちゃんと話せないということで、私自身がすごく話すこと、人とコミュニケーションを取ることがとても好きで、大事に思っている人だったので、そういう面で、保育園で長女の先生が伝えようとしていることがちゃんと理解できないこととか、自分が言いたいことを言えない、そういう状況がとにかく辛かったですね。長女は日本に来て6か月くらいしてから保育園に入ったと思います。

　振り返ってみれば、20年以上日本にいる訳ですが、最初は、家を買うことができるだけの貯金ができたら帰国しようと思っていました。でも実際にそのお金貯まったら次は車が買えるぐらいの貯金をしようと思いはじめ、それが貯まったら次は何か商売ができるお金を貯めよう、という感じでどんどん年月が経ってしまったという感じです。そして、そう

いう目標に向かっていく傍らで、子どもたちが成長していくんです。

　最初に、長女が小学校6年生終わったらペルーに戻ろうと考えていた時に、ちょうど二人目の子を妊娠して、それじゃあもうちょっと待って、1年か2年後くらいに、落ち着いてからペルーに戻ろうという考えがありました。それと、日本だとペルーでは味わえない落ち着いた環境があるということも大きかったと思います。さらに、残念ながら、他の家族のなかには子どもたちが学校でいじめられてひどい目に遭わされてきたこともあったようですが、自分の娘たちにはそういうものが全くなく、幸運だったということも大きかったと思います。ただ、長女だけですが、小学校2年生、3年生ぐらいの時に軽いいじめを受けていたみたいです。長女が話してくれたことによって、学校の先生とも話して、それっきり、いじめはなくなったようですが、当時のことを今長女と話すと、やっぱり、その当時は長女もそれがすごく嫌だった、傷ついていたみたいです。けれども、今は、心の傷にはなっていないみたいです。

日本語
　日本語に関しては、最初日本に来た時ペルーから日本語を勉強するための教材的なものを一応持ってきましたが、当時の仕事の時間帯とか、仕事の量からして、勉強する時間というのはほとんど取れませんでした。無理に近い状況でした。結局、それで最初の10年くらいは、本当にちゃんと日本語を勉強することができずに過ごしてしまいました。今から5年から7年ぐらい前に、県の国際交流協会とか、市の国際交流協会で日本語を教えるコースが出来るようになって、行きたいのは山々だったのですが、1番の問題は、やっぱりどうしても時間帯が合わなくて。すごく遅い時間に授業があったりとかすると、仕事が終わってそのままの足で日本語を習いに行くという流れが、ちょっと、きついです。そんなこともあって、日本語をちゃんと勉強できている訳ではないです。

あと、やっぱりどうしても、最初に日本に来た時は、いずれはペルーに帰るという考えでした。そうした気持も日本語を勉強することを邪魔していたということはあると思います。あと1年したら帰るからとか、あと2年したら帰るから、そういう考えがずっとあったから、じゃあ日本語を勉強しなくてもいいや、そういう考えになってしまっていたという部分が、日本語を学ぶ邪魔になっていたということです。

　学校の先生とのコミュニケーションについては、小学校に入って1年生、2年生ぐらいの時から、長女が通訳的な役割を果たしてくれました。連絡帳に先生が書くことに関しては、長女が、お母さんに、こういうことが書いてあるよとか、学校から通知表みたいなものが届く時も、基本的に長女が訳してくれました。まだ分からない漢字とか、分からない言葉があった場合には、私から長女に、ここに何が書いてあるのか、明日先生に聞いて、また教えてね、というようなコミュニケーションの仕方を取っていました。長女がそういうことを出来るようになってからは、学校の先生方とのコミュニケーションはすごく楽になりました。それと、保育園ですごくラッキーだったのが、他にも外国籍の方がいらっしゃって、そのほとんどがブラジル人のお母さんたちだったんです。そのブラジル人の人たちは、保育園の先生と日本語でコミュニケーションを取れていたみたいです。それで、話しの内容をポルトガル語（スペイン語とポルトガル語は似ているところがあります。）で聞いて、ある程度内容を理解していました。

ペルー人とブラジル人

　外国人のなかで、1番コンタクトがあるのは、やっぱりペルー人。仲の良いペルー人は県内に1人います。信頼関係があって、何でも話せる関係で、月に何回か会っています。子どもたちの年齢が大体同じということもありますし。その次に、昔ほどではないけれど、ブラジル人。そ

の次にフィリピン人ですね。フィリピン人に関して言えば、工場や会社で会ったら挨拶をする程度の関係です。ブラジル人に関しては、長女が幼稚園とか小学校の年代までは、ペルー人よりもブラジル人のお母さんたちと連絡を取って、色々手伝ってもらっていました。でも中学校に入ると、その人たちが引っ越したり、どこかへ行ってしまい連絡が途絶えてしまって、今はほとんど連絡が無いです。

　自分が見てきた１つの現実は、ブラジル人は、女性だけに限らずおそらく男性もなんですけど、ペルー人よりも日本語を上手に話せるという利点があって、問題が起こるとすれば、最初に会社や仕事場で日本人の上司と話をする際に、ペルー人は、どうしてもまず、ブラジル人に聞いて、ブラジル人がその通訳をしてくれる。ペルー人の人たちは、日本人と直接コミュニケーションを取ることが出来ない。働く人の利害に関わることとして、残業ができるかできないかということがあったんですけれども、残業をしたくても、ブラジル人を通して通訳をしてもらわないと、そういう情報も無いし、ブラジル人に、「じゃあ、今日はお前、帰っていいよ」って言われれば、それまでの話になっちゃうので、そういう状況で、ブラジル人とペルー人の中での摩擦が起こってしまうことが１つの原因かと。私自身は、長女を迎えに行かなきゃいけないという状況だったから、自分は定時に上がっても全然問題はなく、ブラジル人と何かもめ事があった訳ではないけれども、それ以外の独身男性とか独身女性が会社で働く場合には、そういう問題はあったと思います。

　あと、南米人の日本への移民はペルーが１番古くて、その後、ブラジル人の移民が始まったと思いますが、数的にもブラジル人の日本への移民の方が断然多いというのがあるし、ブラジル人が日本に来る場合には、純粋な日系人、つまり両親がともに日本人で、その子どもが日本に来ている場合が多い。でも、ペルー人に関しては、古いということがあるし、混ざっている場合が少なくない。例えば、日系の父親とペルー人の母親

とか、そういう混血になってしまっているという点で、ブラジル人は、ペルー人に対して、自分たちは純粋であなたたちは混血だから日系人ではないという、そんな意識を持っていて、それが原因となってある種の摩擦が起こってしまうということはあったみたいです。

　仲のいいペルー人の友達と良く話す話題としては、ペルーに戻るとしたらどうなるかという話。大体みんな同じ世代の子どもを抱えているので、ペルーに戻るなら子どもたちを連れていくよっていう人たちもいれば、子どもたちに選択肢を与えて、子どもたち自身が決めるべきだと考える人たちもいる。ある家族は、自分たちは、子ども無しでは絶対ペルーに戻らないと言っている。そういうことはよく話題になります。

子どもの教育や今後のことについて

　子供は３人いますが、３姉妹だけで話す時は日本語で、家族全員が揃う時はスペイン語。例えば、私が誰かと話す時は、私から、スペイン語で話し、娘たちからは、日本語混じりのスペイン語が返ってきます。

　子どもの教育に関しては、みんな、最低、大学までは卒業して欲しいという考えです。そういう風に考えるのは、お父さんを目標にして欲しいというのがあります。主人のようにちゃんと大学で勉強して欲しいのと、日本で社会に出るとやっぱりすごく競争力が求められると思うので、大学で専門性を学んでから社会に出てほしい。長女を大学まで行かせることが出来たので、２番目、３番目の娘にも同じようにして欲しい。もし彼女たちが、大学以上のことを勉強したいのであれば、それはもう本人たちの決断に任せたい。それぐらいのことは、判断できる年頃にもなっているから、彼女たちで決断をして欲しいということです。仮に日本に来ないでペルーで暮らしていたとして、その場合でも、子どもたちには大学まで進学してほしいとい希望を持っていたと思います。

　主人が同じことを考えているかどうかは分からないけれど、私は、日

本に来たおかげで、自分が育ってきたように、自分が思い描いていたように家族が団結して生活できたことに感謝しています。自分の知人とか他の人を見ていく中で、日本に来て、色んな理由があったのかもしれないけれども別れてしまった家族をいっぱい見て来たから、そういう中で、自分が自分の思い描いていた通りに、自分が育ってきたように、家族を団結させることができたことに対して、すごく日本には感謝しています。

　苦い思い出の１つが、自分自身が日本語で十分なコミュニケーションを取れないということで、会社内で、ちゃんと言われたことを理解できずに作業をして、間違ってしまった時に、他の日本人から、怒られたとか、声をあげられたとか、そういうことはありました。それ以外の面では、日本人や日本に対して悪いイメージとか悪い印象というのは、あまり無いです。

　ペルーの教育と日本の教育の違いについては、日本の学校は子どもたちに独立心を持たせるところかな。日本では子ども達が一人で学校に行くけれども、これが一番驚いたことだし、それが１番不安でもありました。もう１つが、日本の学校では子どもたちに掃除をさせる。子どもたちは必ず掃除をする。ペルーの学校だと、掃除をする職員がいるんです。日本だと、子どもたち自身が掃除をしますね。そういうことを通じて、家の中でもそういう癖というか習慣が身につくということに対して感心します。

　今後のことですが、とりあえずは、自分達にとっても条件の良い仕事がある限りは日本に居ようとは思っています。もちろんそれが無くなればペルーに戻るのだと思いますが。子どもについては、長女と次女はおそらく日本に残るだろうと思います。けれども、１番下の今小学生の娘に関しては、今のところは一緒に戻ることになるような気がします。この家を買った時もずっと日本で暮らしていくために買った訳ではなくて、子ども３人と小さいアパートで過ごすにも限界があったからでした。

56

家を購入した当時は、外国人でも家が買いやすい状況でもあったから、アパートでなくてこういう一軒家を購入したんです。ただ、もし、長女が仕事を始めて、自分と主人の面倒を看てくれるのであれば、私たちはずっと日本に残るかもしれない。

　３人の子どもに対しては、最初に、３人にはお互いをちゃんと尊重し、支えあえる仲であって欲しい。というのも、もしかしたら、数年後には、自分と主人がペルーに帰っちゃうかもしれないから。そうなったとしても、お互いがちゃんとお互いのことを尊重、尊敬し合える仲でいて欲しい。もう１つが、社会に出ても、社会の役に立てるように、社会に出ても恥ずかしくないように育ってほしい。私たちは子どもたちにそういう教育をしてきたつもりだし、モラルとか責任感を、ちゃんと果たしさえすれば、生きていくのにそんなに問題はないだろうと思っています。もう１つは、主人が良く子どもたちに言っていることがあって、それは、馬の目のようにまっすぐ見るんじゃなくて、広く勉強して、自分の周りにあるものに対してもちゃんと目を見開いて、暮らしてほしいということ。

　もし帰化をすることによって、例えば仕事を見つけやすいとか、そういう道が開けるのであれば、別に、反対はしません。子どもたちが自分のためになると考えるなら、帰化してほしいと思います。長女は前々から帰化について考えているようだけど、まだ決心はつかないみたいです。

　長女は、高校の時には大学に行きたくなかったと、というか商業高校の出身だから、そんな自分が大学に行けるなんて全然思ってなかったみたいなんです。けれども、そこで主人が、長女に対して言ったのが、一点に集中するのではなくて、もっと周りを見て、とりあえずは、ちょっと試験だけは受けてみなさいっていうことを言った。まずは、経験をさせたかったのだと思います。それで、試験を受けて、大学に入ったみた

いなんですけど、本人が 4 年間終わって、大学院に進みたいって言った時は、私たちをすごくびっくりさせたかったみたいです。でも、とりあえずは、長女を大学に行かせたという面では、両親としての役割は果たしたと思うから、それ以降に関しては、長女自身の責任でどうするのかを決めて欲しいし、これから就職するけれども、それに関しても、やっぱり、自分の決断で歩んで行って欲しいという思いはあります。

第 3 項　C（日系、男性）の語り

来日の経緯

　私は、1990 年に単身で来日しました。私の父は日系人で、母はペルー人です。私はリマ出身で 4 人兄弟の末っ子にあたります。兄 2 人と姉 1 人は日本文化を意識し、大切にしていましたが、私はそのようなタイプではなかったです。私はサッカーが好きでサッカーチームに所属していたので、日系人の集まりなどには参加しなかったです。姉は日系人の集まりによく参加していました。姉は私が来日する数年前に日本に来ましたが、あまり気に入らなかったらしくペルーに戻って行きました。私と日系人の交流は家族の中だけで留まっていました。大学に入学した時も日系人はたくさんいたので、日系人大学生の集まりに招待されて行ってみましたが、私が所属する農学部からは私の他に 1 人しか日系人がいなくて、あとはほとんど他の学部の日系人ばかりでした。その集まりが終わった後も、私は日系人とあいさつ程度の関係にしかならなかったです。

　運命のいたずらなのかわかりませんが、日本へ来ることなど考えたこともなかったです。行くとしてもアメリカや他の国を想像していて、とにかく日本は視野に全く入っていませんでした。大学を卒業して働き始めました。その仕事はプロフェッショナルなもので、大学を卒業して奇跡的にすぐにそこで研修出来るようになりました。私と一緒に入ったメ

ンバーは 10 名くらいでその中の 1 人とアパートをシェアするようにな
りましたが、正直あまり気に入りませんでした。場所は Plaza de arma
あたりでそれほど治安は悪くはありませんでした。この研修は良い経験
になると思ってそこは我慢しました。大体の 1 日は朝早くから行って研
究すると言いう流れでした。しかし契約が終わり特に更新されることも
なく僕はまたリマに戻りました。その時はもうすでに結婚していました。
結婚してからリマに戻ったことになります。リマに戻ったのはよかった
のですが、仕事がありませんでした。そこで新聞に載った求人情報を見
て当時ペルーにあった東京銀行で働いていた叔母に書類を訳してもらい
応募し、全てスムーズな流れで進みました。

　日系の学校には通ったことはないです。小学校のある時期は私立の学
校でしたが、小学校 5 年生からは父も通っていた Alfonzo Ugarte で学
びました。そこに通った理由はやはり父が通った学校であったから、一
種の伝統のようなものだったと思います。父の行った学び舎で子どもた
ちも学ぶといった具合に。私の兄もそこで学びました。姉は Mercedes
de cabellos に通っていました。夏になると兄たちは英語やその他色々な
ことを学ぶために日秘文化会館に行っていましたが僕は行きませんでし
た。当時父がリマの市街地にあるオフィスで会計担当として働いていた
ので、それもあってリマの市街地にある日秘文化会館はアクセスしやす
かったのだと思います。

　私が来日してから兄も来日しました。私が来日してから数カ月後の
1991 年頃だと思います。かれも Gradia 大学で統計学を学び、そこで数
学を教えていました。Gradia には日系人がたくさんいます。教員という
肩書を持った人でさえ出稼ぎ目的の来日を余儀なくされました。大学院
で学んだり、ベルギーへの留学経験もあるような教員や学生が、日本で
の仕事帰りに僕と同じバスに乗っているのです。私もそうなんですが、
ここまで勉強したのに出稼ぎのために日本へ行かなければいけないのか

という気持ちがありました。結局来日しましたが、当初は他の人々と同じように滞在予定は２年間でした。兄の滞在も長期化し、今も日本にいますよ。離婚してかれの娘たちはペルーに帰りましたが。

仕事について

　日本へはカナダを経由して行きました。カナダに２日間滞在したのですが、残りたくなったくらい、カナダが気に入りました。そして日本へ到着しました。それからＩ会社の工場労働者として仕事を始めるようになりましたが、仕事が嫌だとかは思わなかったです。むしろ仕事が好きでした。リマから一緒に来日した仲間たちとの関係も良好でしたし、買いたい物が買えるくらいの給料をもらうことが出来ました。ペルーではなかなか得られない贅沢でした。それからある日、隣人から車をもらいました。きっと新しいのを買うために要らなくなったからくれたのだと思いますが、衝撃的でした。感動しました。その後僕は車を購入しましたがこれも日本だから出来たこと。ペルーで生活していたら自分ひとりで車など買えなかったです。それから数カ月して妻と娘が来日しました。

　その後、その工場を解雇されたのですが、生産量・仕事量が段々減り、外国人全員が解雇されたのだと思います。退職金がもらえたであろうと今は思いますが、その時は全然分からなかったです。退職する前、書類にサインさせられたのですが、通訳の人はその書類にサインするようにとだけ言い、文面に何が書かれているのか教えてくれなかったです。多分、希望退職の書類だったのかもしれません。そして皆退職します。私は別の地域で新しい仕事を見つけていたのですが、別のグループがこの地域で仕事を見つけていたのでこちらに応募しました。

　工事現場の仕事で、道端などで働き始めました。リマにいたらやらなかった仕事だったけど、この仕事も好きでした。道路工事に携わった時、

道路の補修が終わると、専用の機械で道路の凸凹を直して均一にするのですが、私はその作業が上手でした。良い経験にもなりましたが、結局、社長から約束されたボーナスがもらえなかったという問題が起きたので辞めました。

　工事現場の仕事の後、食品会社の工場に勤務しました。ブラジル人の同僚がわかりやすく仕事内容を教えてくれたこともあり、その仕事も好きでした。でも仕事内容がフランクフルトを大量に焼きそれを保存する仕事で、温度が高いところで作業してから冷蔵庫という温度が低いところへ行かないといけなかったので、その温度差の変化で喘息をおこしてしまいました。リマにいた時から喘息には悩まされていました。結局喘息用の吸引機を使うようになってしまいました。その工場では、最初温度が70〜80度ある場所から冷蔵庫へ移動しなければいけなかったのです。かなり痩せました。もう少しだけその仕事を続けてから退職して一旦ペルーへ帰国しました。ペルーではリフレッシュ出来ました。子どもは1人だけだったので良い休暇となりました。当時は一旦帰国してもまた日本へ行くと仕事が何かしら見つかった時代でした。今だとそれは難しいですよ。もし今、私が仕事を辞めたら次の仕事は見つからないと思います。辞めずに帰国する場合、会社側と入念な相談が必要ですよね。それに比べて昔はもっと簡単でした。

　話の続きに戻りますが、一旦帰国して、また日本へ戻ってきて建築関係の会社へ入りました。この地域の派遣会社を介して入社しました。この会社には何年もいましたがよく覚えていないです。でも仕事時間が長く、給料も良かったです。で、そこで働いていて、手を怪我してしまいました。今はもう大丈夫ですが、コンクリートを乾かす際に用いる化学薬品が原因だったのではないかと思います。手がすごく乾燥して、色々な皮膚科を回りましたが良くならなかったです。それでまたペルーへ帰国することにしました。ストレスも原因だったのだと思います。ペルー

へ着いて3週間経った頃には手の症状が改善されました。勿論皮膚科にも行きました。

　ペルーから戻って来た時もこの会社で仕事を続けていましたが、結局退職することにしました。退職理由を話します。朝する仕事でコンクリートを洗浄し、油を塗るといった作業があったのですが所要時間が30分〜45分でした。その作業をすると1時間もしないうちに作業着がすごく汚くなるのです。真っ黒になります。ですので、汚れてもすぐ破棄するために、僕はいつも500円くらいの作業着を買って仕事で使っていました。それである人が日本人と同じ作業着を使おうと言いました。でもその作業着は2着で2万円もするのです。とても高いので、僕は反対しました。30分後に真っ黒になる作業着に2万円も出せないと思ったからです。私と1人のブラジル人男性がその作業着はいりませんと言ったところ、派遣会社の担当者が来て作業着を購入しないのなら辞めてもらうと言い、そのまま僕たちは退職しました。他の外国人労働者も作業着の購入には反対していましたが、やはりクビになることを恐れて反対意見を言ったのは私とそのブラジル人男性のみでした。それで多分、私たちが主犯格だと思われたのかもしれません。私は仕事をクビにされることを恐れて人にペコペコしているような労働者を何人も見てきました。嫌なことがあっても抵抗せずにただ黙っているのです。私は性格上そういうのを我慢できないです。喧嘩っ早い性格という訳ではないです。ただ自分に対して理不尽なことをされそうなら戦って行く覚悟はあります。勿論多少のことは我慢して働きますが、あまりにひどいことがある場合は違います。

　この会社を辞めた後は、レンズを扱っている工場で夜勤の仕事を始めました。工場の景気も良く特に問題なく仕事をすることが出来ました。そしてそこで働いている時に、今いるS電工の工場を紹介されたのです。その工場はキャノンプリンターのトナーカートリッジ製作を請け負って

います。それで二交代制であるその工場を紹介されました。その時日曜日のみが休みの夜勤業務をしていて疲れていたこともあり、給料は少し下がるのですが職場を変えることに決めました。4年ほど経った時、ある問題が起きました。私は会社に社会保険に入れてくれるよう交渉しました。その時の時給は1250円でしたが社会保険に入ると、時給が1100円になると言われました。それはおかしいと思い抗議しましたが、結局私を合わせて計3人が工場を去りました。次の仕事が見つかるまでは雇用保険から毎月いくらか受け取っていました。それから液晶テレビを作っている工場へ入りました。当時、地デジ化などもあり液晶テレビがすごく売れていたのですぐに見つかりました。最初はアルバイトとして入社しました。生産量が更に増え2年ほどその工場で働きました。しかし液晶テレビの生産量がどんどん下がって行き2か月毎の契約更新となり、最終的には契約が更新されなかったのでそこでの仕事は終わり、また雇用保険に入ろうと思っていたらS電工から仕事の誘いが来ました。理由ははっきりとは分かりませんが、生産量が増えたのと何人か辞めたからでしょうか。多分経験者を求めたのだと思います。利害関係が一致したのでS電工でまた仕事するようになりました。最近は生産量が少し減ってきましたが今も継続中です。

　ここでの仕事は、覚える段階の時はおもしろいと思いましたが、一度仕事を覚えてしまうと変化がないです。機械の前でひたすら同じ作業をし続けるだけで新しいことを他に覚えないので面白いとはもう思いませんね。他の部門へ移動したいと言えば出来るのだと思いますが、結局どこの部門へ行っても携われる仕事に限度がありますので同じ様な作業になります。今の仕事は工事現場の仕事と比べるとだいぶ楽です。

　今は、品質保持の仕事をしています。3つの機械を担当しています。その機械に部品をそれぞれ入れて、機械から出てくる部品をチェックして状態が良好な部品を別の箱に分けておくという作業です。機械の調子

が悪くなったりしますが自分で直せるなら直し、もし出来なかったら担当者を呼びます。こういった流れの仕事です。

外国人労働者が直面する問題

　今の現場には外国人労働者がいて、その内訳はペルー人とブラジル人の割合が同じくらいで、スリランカ人が1人います。ほとんどペルー人とブラジル人です。合計で14人〜15人くらいだと思います。今まで働いてきた会社には全て外国人労働者がいました。

　日本で働き始めたばかりの頃の自分と今の自分を比べると、例えば、自分の意見を言えるようになったとか、騙されにくくなったとか、そういった変化は感じます。騙されたり、最初言われたことと違うことがあれば主張したりなど、たくさん学びました。日本中にある全ての派遣会社はきちんとした福利厚生を外国人労働者に与えていないと思います。ボーナスは出ないし、退職金もない。今になってわかったことです。例えば精神的な病が原因で仕事に来られなくなった日本人従業員は、その間給料の何割かはもらえる。しかし外国人労働者にはそれがない。外国人労働者にも似たような制度があるべきだと思っています。

　勤務先の健康保険には基本的には入っていきませんでした。健康保険の負担額は自分と会社で半分ずつなので入ろうとすると時給を下げられます。納得いきません。I会社で仕事しているときは健康保険に入っていましたので、何年かは払っていました。最初帰国した際に手続きをして返金されました。それからまた日本に来て健康保険に少しの間加入して払っていたので、また手続きすれば少し返金されると思いますが、生活の糧になるほどの額ではないです。

今後のこと

　いつかは帰国したいと思っていますが、もう少し日本で仕事を頑張り

たいです。ペルーには購入したマンションがあり、両親もいるので居場所はありますが、それだけでは不十分です。ペルーに帰るならここと同じ様な稼ぎの仕事に就きたい。でも22年も日本のような落ち着いた国で生活していると、リマ市内の渋滞には頭がおかしくなりそうです。リマ市は好きですけど、渋滞には耐えられません。後は病院へ行くと別の病院を紹介され、結局病院をたらいまわしにされることにも我慢ならないのです。少しは変わったようですが。日本にいて一度も物を盗まれたことがありません。逆に、失くした財布が戻ってきました。一番衝撃的だったのは、海の駐車場で駐車中だった自分の車をぶつけられたのですが、ぶつけた若い男性は僕が車に戻るのを待っていたのです。このようなことは、ペルーでは想像したこともありませんでした。

　無論、今後も日本で生活していく上で、将来に不安を感じています。特に年齢の面では感じます。なぜなら、外国人労働者が携わる仕事は体力が命だからです。体力の温存が大切です。例えば、何かの仕事に応募した時、採用を見送られるような年齢だとしても体力がありそうと思われれば採用されるかもしれません。だから体力が何よりも大切なのです。自分はまだいくつかの仕事をやるための体力は残っていると思います。

　日本だと定年後に退職金や年金は保障されていません。でも実はペルーで年金を払っていますし家もあるので少しは安心出来ますが、下の子がまだ教育期間を終えていないのでかれが自立するまでは日本にいます。後は大学を卒業した娘に仕事が見つかればいいと思います。焦らずに、自分のペースで少しずつ頑張ってほしいと思います。子ども2人の自立を見るまでは日本にいます。子どもの進路に関しては、進学して、日本にいる自分たちよりももっと上に行ってほしいと思っています。私たちは読み書きがあまり出来ないことと日本語力などで色々と限られていますが、子どもにはそうなってほしくないです。

　ブラジル人とペルー人の違いについては、一般的にブラジル人の方が

ペルー人より日本語力が上ですから、仕事を探す時はブラジル人の方が優遇されることがあるのではないでしょうか。ブラジル人の派遣会社を通して職場に入る時も、その中の誰かが友人である方が良く迎え入れてくれるように思います。私は何度かブラジル人とトラブルを抱えたことがあります。けど、仕事をすごく丁寧に教えてくれたブラジル人もいましたよ。当たり前のことでしょうが、ブラジル人にもペルー人にも、良い人もいれば悪い人もいます。段々と経験を積む中でいろいろと学んでいきます。

第4項　D（非日系、女性）の語り

来日の経緯

　私が来日したのは他の多くの出稼ぎの方々と同じで 1991 年です。1990 年に娘が生まれて、主人が 1990 年の 11 月に私たちより先に単身で日本へ渡りました。その時娘はまだ生後 6 か月でした。その半年後くらい、娘が 1 歳になる直前に今度は私と娘の 2 人で一緒に日本へ行きました。当初の滞在予定は 2 年でした。2 年間日本で仕事をしようと思っていました。

　日本へ渡った理由はペルーの経済危機が原因でした。主人はエンジニアで私は大学で経営学を学び、その他に英語講師をやっていました。このように 2 人とも職を持っていました。しかし 2 人のこの仕事だと子どもに私たちが考える良いレベルの教育を与えることが困難なことと、独身時代の生活水準を維持出来ないと思いました。この 2 つが理由で日本へ行くことに決めました。

　主人と私、2 人で話し合い、日本への出稼ぎを決めました。一番は長女の教育のためでした。貯金をしてペルーへ戻った際に困らないために、また何かを始められるためにという気持ちでした。

当時主人は27歳という若い年齢で、何人かの男性と一緒に共同生活をしていました。確かに残業も多くて疲れたとも言っていましたし、充実した生活を送れてはいなかったようですが、私達に仕送りが出来るしお金を貯められるからきっとペルーで何か始められる、学んだことに関連することできっと働けるなど前向きなことも言っていました。

日本に来た時に働いた最初のIという会社は夫婦共に直接雇用でした。当時はある日系の方が会社の通訳をしていて、その方を介して会社と直接雇用をしました。その時ペルー人は60人くらいいたと思います。全員直接雇用でした。

ペルーの有力な新聞には、日系人には日本で働けるチャンスがあるという内容の記事が掲載されていました。それを見て主人は日本へ行くことを決めました。ある旅行会社を使いました。それから面接を受けて入るといった流れでした。何人かは最初から家族と一緒に日本へ渡ったのですが、私の主人はそれを嫌がりました。それなので、彼は単身で来日しました。航空券の代金は、最初旅行会社に立て替えてもらい、その後毎月の給料から少しずつ引き落とされる仕組みだったようです。

仕事、住居、日本語

来日して、社宅を与えられたのですが、シャワーがついていなかったことは衝撃的でした。お風呂はガスで沸かすタイプの古い型のものでした。身体を洗うためにいちいち水を溜めなければならないことが窮屈に感じました。後は日本語がわからなかったことが問題でした。

最初日本に来た時の私の日本語レベルは完全にゼロでした。全く何もわかりませんでした。私は日系人ではなく主人が日系だったのですが、主人も「こんにちは」「おばあちゃん」などといった簡単な単語くらいしかわかりませんでした。

当時娘はまだ赤ちゃんで、赤ちゃん特有の水ぼうそうなどの病気にか

かったのですが何をしたらいいのか全くわかりませんでした。当時まだ通訳のサービスなど少なかったのですごく不安だった時期でした。とりあえず娘を病院に連れて行って、薬をもらい通訳の方から説明を受けた通りに飲ませました。しかし飲ませた途端娘の血圧は急激に下がってしまって顔がみるみるうちに青紫色になり、危うく死んでしまうところでした。この経験で私は日本語を学ばなければいけないと強く思いました。特に日本語学校などへ通った訳ではないです。仕事に行く時にポケットサイズの辞書を持って、わからない言葉があるとすぐ調べるようにしていました。後は一緒に仕事していた方にひらがなを教わりましたね。もともと言葉を学ぶことは好きなのです。ポルトガル語も日本で覚えました。

　子どもを預ける保育園が見つかれば働いても大丈夫と会社側の人に言われていました。保育園探しに関しては、何もわからなかったのでとりあえず近くの幼稚園へ娘と一緒に訪問してみました。その時娘は１歳くらいだったため、幼稚園は３歳からしか入れないとの説明を受けました。最終的に託児所で預かってもらうことになりました。それから会社に託児所を見つけたと報告して、主人と同じくＩの工場の塗装部門で働き始めました。来日してから１か月後のことです。工場で仕事するとは思ってもいなかったので辛かったこともありました。特にストレスの面で苦労しました。心臓のための薬を処方されたのですが病状が悪化しました。それで別の病院に行ったのですが、そこでもストレスが原因だと言われました。でも今はもう回復しています。

　それと、車の免許の話ですが、私は日本へ行く前にずっと父親から免訴を取れと言われ続けていました。主人はペルーで免許を取得していたので日本の免許に変更することが出来たんです。だから運転はいつも主人でした。いつまでも主人の運転に頼りっきりではいけないと、私自身段々と免許の必要性を感じていたのですね。日本で自動車学校に通いま

68

したが、難しかったです。

　Ｉの工場では健康保険にも入れたし福利厚生もきちんと受けられました。２人一緒に３年近くその工場にいました。しかし突然12月30日までの分で仕事が全て終わるのでそれまでに新しい仕事を見つけてくださいと言われました。日本語もわからないので焦りながら主人と一緒に職探しをしました。それでハローワークを通してこの街で新しい仕事先を見つけ、この街に来てから引っ越しして今も滞在しているという訳です。何度か職場が変わりました。

　最初は主人と共に工事現場で働きました。主人の滑車を引いている姿を見ながら。人生で自分が工事現場や工場で働くことになるとは考えたこともなかったです。このような具合で色々なところで働いていました。工事現場には１年近くいました。しかしここの社長が私たちに払うべきボーナスを払わなかったので夫婦共に辞めました。それから私は幼い娘を自転車の後ろに乗せて走り、通りで見つけた工場へ仕事の有無を訪ねるためにいきなり訪問するような生活をしました。ある日、仕事はありますかと尋ねたら、連絡先を教えてくださいと言われたので、その日は連絡先だけを置いて帰宅しました。勿論私はその時職探しの方法などよくわかっていなかったので、そういう形になりました。翌日その工場から電話が入り雇われました。メッキ関係の工場でした。

　この時主人は食品関係の工場で仕事していました。お互いに２年ほど勤務した後、ペルーへ一時帰国して２ヵ月間滞在しました。ペルーへ帰国したのは主人が喘息にかかってしまったからというのもあります。コンテナに積んだ荷物の積み下ろし作業を２交代でボイラー室内でするといった仕事内容だったことが原因でした。とりあえず帰国はしましたが、住んでいたアパートは手放さなかったです。それからペルーへ行って現地でマンションをキャッシュで購入しました。そしてまた日本へ行きました。その時丁度長男を妊娠していたので、その間自宅で内職をしてい

ました。

　内職を見つけたのは、私の自宅近くに住んでいた、お子さんが2人いるブラジル人女性との出会いがきっかけです。その女性の同じブラジル籍の女友達が働いている会社は内職を扱っているので、2人で訪問してそれから内職をし始めました。その時期は内職だけで毎月20万近くの収入がありました。奇跡の内職だと思っています。

　内職の内容は出荷前のテレビやパソコンの液晶画面に小さな電球を1つ1つ付けていく作業でした。内職はブラジル人女性の自宅で一緒にやっていました。結構細かい作業でした。横に段ボールをたくさん積んで、朝8時から夕方4時までお昼休憩をとりながら内職をしていました。出産するまで内職していました。それから出産して、息子が生後6か月になると託児所に預けました。なぜ、託児所だったかと言うと、近所にあった保育園は1歳からしか預けることが出来なかったからでした。新しい仕事を始めたのですが、息子は結構病気がちでついに肺炎にかかってしまいました。その時主人に今は仕事をやめて息子が1歳になって保育園へ預けられるようになったら、またその時仕事をすればいいと言われたので2か月間仕事をしなかったです。それから時間が進んで、色々な仕事をしました。縫合の工場でアイロンがけの仕事もしていました。

　ある日、主人の派遣会社から連絡があって、工場ではなく事務所で通訳の仕事をしてもらいたいという誘いがありました。私にその仕事が務まるのか不安でしたが、主人に相談してみてとりあえず仕事内容を見に行くことにしました。仕事内容は派遣会社の男性社員の補佐役のようなものでした。スペイン語での書類作成などで、彼は少しだけスペイン語が出来る方でした。ポルトガル語で書かれた書類をスペイン語に直すよう言われてワープロでその作業をやりました。その派遣会社の事務所で約6年間、リーマンショックが起きるまで働いていました。しかし12月のリーマンショックで日本経済が悪化し、少しずつ人が減って行きま

した。私とその男性社員の妻も会社を去りました。失業保険があったので毎月いくらかはお金をもらっていました。

学習支援担当の仕事

そのような中で息子の小学校へ行った時に、日本語教室の先生から教育委員会がスペイン語か英語かポルトガル語を話せる人を3名探しているとの情報を聞きました。

その先生に履歴書を持ってきてと言われ、後日履歴書をその先生に渡しました。それから2日後に面接へ呼ばれました。私が呼ばれた時は2月だったのですが、実は9月の時点で面接は終わっていたらしいです。面接会場へ行ってまずは英語で面接をしました。その時の英語面接担当者の教育委員会の方が以前長女の先生であった方でした。いくつか話をしてその日は終わりました。翌日電話が入り、4月からある小学校の学級支援担当として働くことになりました。その仕事を今も続けています。いつまで続くのかわかりませんが、今の私の仕事はそれです。

今年から変わった点があります。元々私は日本語教員ではありませんし、教育委員会もそれは知っていました。英会話講師はやっていましたが、私は教員としてではなく、通訳業務や子どもたちへの学習支援をするために採用されたのです。それでずっとその仕事をしてきました。給料は時給制で最初は900円スタートで1500円まで上がりました。しかし今年（2013年）の4月から全員時給が500円引かれています。

理由は教員免許を持っていないからです。私は教員免許を持っていないので、教員として採用されたわけではなくて、あくまで教室で生徒の授業内容の通訳等をしています。名前も、学級支援から生活支援へ変わりました。しかし仕事内容は以前と同じです。この一件が少し嫌でした。なぜなら4月に入るまで時給がいくらになるのか何も言われなかったからです。授業が始まってから私の時給が1000円になると言われました。

来年事態が良くなるように頑張ってみるので、辞めずにこの仕事を続けてほしいと言われました。私自身、来年は、この仕事をまだ続けていけるのか、それとも契約を解除されるのかわからないですが。

今までの仕事を振り返る

　今までの仕事を振り返ってみると、いくつかつらいことがありました。工事現場にいた時ボーナスが払われなかったことが1つ目です。縫製工場のアイロンがけの仕事をしていた時、日本人の女性従業員から服を投げられました。服をアイロンがけするのが私の仕事だったのですが、その服を渡す時に悪意を込めたやり方で投げられて、顔にあたったりしました。その時私はあいさつ程度しか日本語が出来なかったです。それである日ついに頭にきて、私は付けていたエプロンを外しあなたたちがやっていることは悪いことだと言いました。実はその人は私だけでなく他の同じ日本人の女性従業員にも服を投げたり暴言を吐いたりしていたのです。いじめていた方はベテランと言われる方でした。60歳以上だったと思います。私は嫌になったので辞めてやろうと会社を出て行こうとしたら、社長から呼びとめられて、事情を話したらそれは見過ごせないと言ってすぐに従業員を全員集めて厳重注意しました。おかげで事態は和らぎました。悪口は何度かありましたけど、ずいぶんと良くなりました。

　その社長さんの紹介でこの家を買いました。駅も学校も近くで良い場所です。どこの会社でもそういう嫌がらせはあったと思います。でも辞めたくても辞められないのが現状です。次の仕事は見つかるのかという心配もありますし。私の場合夏休みの期間は給料なしです。それなので、セブンイレブンでアルバイトを始めました。そのコンビニのオーナーさんが以前働いていた職場の同僚の旦那さんなのです。彼女は店長です。でもある日、教育委員会から電話があって、「セブンイレブンやスーパー

などは生徒やその保護者に見られる可能性があるので遠慮してください」と言われました。次の日店長に話したら「やっぱり」と言われました。彼女の娘さんの仕事も教育委員会関係なのですが、実家がセブンイレブンを経営しているため彼女に限っては店の手伝いを許可されたのです。これが最近の衝撃です。

移動はしない

　仕事の関係でこの街へ引っ越ししましたが、当初からもう移動はしないと決めました。特に主人が住居の移動に関しては否定的でした。環境の変化が娘へ悪影響を与えると思っていたからです。以前、Ｉの工場で働いていた時、娘はそこで小さな保育園へ通っていたのですが、ペルーから日本へ来たことによる環境の激変のせいか、１日中泣いていました。送ったときから迎えに行った時まで。それを見て主人がもう環境を変えるべきではないと言いました。結局その後、この街へ移動して会社近くの社宅で暮らし、娘の保育園も変わりました。その新しい保育園で長女は泣かないようになったのです。先生方も良い方がいっぱいいましたし、子どもにとって良い環境を見つけたようでした。それで主人がこれから先、仕事を変わることになってもこの街のなかで探そうと決定しました。もう娘に急激な環境の変化は与えたくないと。そのために今もずっとこの街に住んでいます。でも良い仕事を見つけるのはなかなか難しいという面もあります。

　ありがたいことなのですが、私たちは近隣で特にトラブルなどを経験したことはありません。しかし、やはりアパートを借りる際は外国人だから保証人がいないと出来ないと言われました。しかし、最近は良くなりました。物件もきちんと見せてくれますし、昔は物件さえも見せてくれなかったです。今は保証人も要らないというところが多いです。今は不動産同士の競争も激しいので。だいぶ良くなったと思います。

子どもの教育

　今娘は大学を卒業して、息子は高校2年ですが、息子は自分自身が何を勉強したいのかがまだ良くわかっていないようです。今彼はバスケットボール部に所属していてスポーツは好きだそうです。高校へ入った時、1年の12月に突然バスケットボール部を辞めてしまいました。顧問の先生と何かトラブルがあったみたいでした。そこから3ヶ月間は部活をやらずにALTの先生方からフットサルに誘われて毎週水曜日フットサルをし始めました。4月にバスケットボール部に戻ったのですが、今もフットサルは続けています。バスケの大会を控えているときは参加しないのですが、それは顧問に言われたからでなく、自分で決めたようです。後は留学したいと言っていますが、具体的に何を学びに行きたいのかはわからないと言っています。結局、彼はまだ何も決めていないということです。

　娘の生活が安定して息子が進路を決めてくれれば私たちの帰国の予定が具体的に立てやすいです。特に息子はまだ悩んでいて、日本から出たいとぼんやりと考えているようですが。私立大学にも興味があるみたいですけど、難しいでしょう。

　娘が小さかった当時、スペイン語のビデオなどレンタルするものがなかったので、スペイン語に触れる機会も今より制限されていたのだと思います。それで娘はいつも日本のテレビ番組を観ていました。勿論私たちは極力娘にスペイン語で話しかけていました。でもあなたはペルー人なのよとは言いませんでした。娘の保育園にペルー人の子どもが2人入園した時、先生が娘を呼んで通訳をしてもらおうと思っていたのですが、娘はそのペルー人の子どもたちに何を言われたのか全くわかっていませんでした。先生が何でわからないの？ときいたら、娘は「私は日本人だから」と答えていました。つまり娘は自分が日本人だとずっと思っていたのです。風船って何ってきくと、風船は風船という答えが返ってきま

したし。でもプレッシャーを与えることはしませんでした。プレッシャーを与えることによって日本語もままならなくなってしまうかもしれないですから。今そういう子どもたちが結構います。ポルトガル語がすごく出来るけど日本語力が低い子どもたちなど。とりあえず私たちは娘に日本語をきちんと覚えてもらうことを大切にしました。日本語をきちんと覚えればスペイン語も覚えることが出来ると考えていました。

　言語習得に関しては面白い話があります。2回目の一時帰国の時、私は子ども2人を連れて3人でペルーへ戻りました。主人は日本に残り、私たちは3か月間滞在しました。季節は夏でした。息子はそろそろ4歳になると言う年齢で、その時スペイン語は全く話せませんでした。ペルーについて2週間経った時に息子はスペイン語を話すようになっていました。勿論きちんとした会話は出来ませんが、簡単な単語が言えましたし、友達とも楽しそうに遊んでいました。そして日本へまた帰って来た時、空港で待っていた主人と共に車で帰路についている途中、息子がいきなりスペイン語で「パパ観て、飛行機だよ。飛んでいるよ」と言ったのです。スペイン語が少し理解出来るようになりました。

　息子と娘は同じ高校へ進学しました。残念なことに2人のこどもが通った高校ではアルバイトは完全に禁止でした。この高校はすごく厳しくて、0時間目というのがあります。通常朝のホームルームは9時くらいにあってその後1時間目が始まるのですが、0時間目というのは、ホームルームが始まる前の時間のことです。朝7時半～8時くらいの間には登校しなければいけないという決まりがあります。とても厳しいです。そして、もしアルバイトしていることが見つかると他の高校だったら厳重注意で終わるところもありますが、この高校は退学処分です。娘の場合は11月の推薦入試で大学に合格したのでアルバイトの許可を取りました。それなので、セブンイレブンでアルバイトをしていました。時々午後5時まで学校に残ったりして、夜7時～夜10時までアルバイトが入ってい

るときはお母さんが迎えに行ってくださいと先生から言われました。そのような感じで、12月からアルバイトを始めて3月まで続けました。

　私たちは、子どもを誇りに感じています。かれらが置かれていた環境はバラ色であったと言えませんが、ほとんど自分たちの力だけでここまで前に進めたからです。小学校からもらってくる手紙や書類などは娘が内容を教えてくれたり、先生に聞いてくれたりなど、責任を持ってくれていました。ただ、私が学校へ行く時などは絶対に娘に通訳を頼みませんでした。それだけはしたくなかった。私1人で何とか頑張っていました。

　かれら2人は責任感が強いです。小学校の頃からかれらは自分たちできちんと目覚ましをセットし1人で毎日起きることが出来ていました。娘はもう大学を卒業してくれたので安心しています。息子はまだこれからなので少し心配な面はありますが。サッカー選手になりたいとか言っています。彼はもし大学へ行ったらサッカーをやると言っています。スポーツが結構好きなんです。どうなるか楽しみです。

　主人はペルーにいた時サッカーをしていました。私も Atletismo（陸上競技）を練習していました。確かに夫婦そろってスポーツは好きですが、ずば抜けて出来るといった訳でもないです。日本はペルーに比べると部活等がすごく厳しいです。毎日練習するのが当たり前で大変そうに思います。子どもたちに必ずスポーツをやってほしいという考えではなく、自分たちがやりたいならそれを応援するようにしています。

　今までの人生全てがバラ色でというわけではありませんでした。でもなんとか前に進むしかないと思います。それと、私たちはあまりペルー人と集まったりしません。ただし、子どもたちのためにも親同士の交流は良いものにしたいと考えています。良い人と交友関係を持っていたいです。

第5項　E（非日系、男性）の語り

来日の経緯

私は、非日系のペルー人です。妻は日系のペルー人です。私は、ペルーの公立の小学校、中学校を卒業して、6年間中国系の配達業者の会社でサラリーマンをしていました。金物や日常雑貨品等を取り扱っていて、その後、独立して酒屋を開きました。酒屋を開いてから、転職して砂糖、油等を扱う日常雑貨品店を開業しましたが、ガルシア大統領政権時のインフレーションの影響で倒産しました。それで妻と2年間アメリカへ働きに行きました。1989年のことでした。その時、2人の息子がいましたが、母方のおばあちゃんに預けて、アメリカへ行きました。

アメリカでは、先にアメリカに住んでいた友人の紹介で、夜間営業のパン屋さんで仕事をしていました。6か月間有効な観光ビザで入りましたが、残りの1年半は2人ともいわゆる「不法滞在」で働いていました。「不法滞在」といっても、アメリカでの生活では交通事故や窃盗等をしなければ、特に問題はありません。生活は全般的に落ち着いていました。

アメリカでは、日曜日から金曜日まで夜勤をしていました。パンをつくる仕事です。給料は、週払いで私のほうが時給8ドルで、妻が時給5ドルちょっとです。アメリカへ行く前のペルーでの収入は、ガルシア大統領政権第1期の5年間はペルーの経済が上がったり下がったりでドルもどんどん上昇していたので覚えていません。

アメリカにいる時、将来的には2人の息子を連れてきたいと思っていました。リマの家族とは頻繁に連絡をとっていたのですが、1991年に父親が癌になったということを聞きました。それが、ペルーに帰国する理由になりました。1991年4月に帰国しましたが、7月に父親は亡くなりました。ちょうどその頃日系の人たちが日本に出稼ぎに行っていた時期で、妻が日系ということもあって日本に行く機会となりました。私たち

よりも妻の弟さんが先に 1989 年に日本に来ていました。父親が亡くなってから日本行きの手続きを始めて、1991 年の 9 月 25 日に日本に到着しました。日本には初めて来ました。来年 1 月で 60 歳になります。

　私は非日系ですが、妻が日系なので、簡単に日本には来ることが出来ました。例えば夫が日系で妻が非日系とか、私たちの場合みたいに妻が日系で私が非日系と夫婦であれば、簡単に来ることが出来たと思います。当時は、日系人同士の結婚が多かったです。妻の母は最初結婚に反対していましたが、私の方の家族は全く問題ありませんでした。

　ペルーで日本の仲介業者の男性が人数を集めて、最初 15 人くらいのグループで日本に来ました。その内 1 つのグループは東京よりも北、2 つ目が名古屋、そして 3 つ目が九州に行きました。東京よりも北に行ったグループは老人介護関係の仕事、名古屋と九州のグループはコンクリート関係の仕事をしました。9 月 25 日に日本に着いて、1 週間東京に滞在し 10 月 1 日から仕事を始めました。

　日本に来るときは、旅費の 20 万円に加え、仲介業者に仲介手数料として、1 人 300 ドルがかかりました。なので、2 人で 600 ドル払いました。その時アメリカで貯めたお金があったので、600 ドルを現金で払ってから日本に来ました。お金がなかった他の方々は、日本に来てから仕事をして毎月引き落とされるという形を取っていました。

　妻と 2 人で来日し、同じ会社に就職しました。2 人の息子はペルーに残しました。91 年の 9 月から働き始めましたが、会社側が子どもがいることを知っていたので子どもを呼び寄せる許可をもらいました。93 年の 1 月に妻がペルーに行って 2 月に 2 人の息子は来日しました。会社側が心配してくれたこともあってまず私たちに働けるようにビザの申請もしてくれたし、子どものビザ、転校先の学校の手続きもしてくれました。

　最初は観光ビザで来日したのですが、妻は永住ビザを 1996 年に取得し、2 人の息子と私は 1997 年に取得しました。長男は神奈川の大学に在籍し

ていた6年前くらいに帰化して日本国籍を持っています。

仕事のこと

　ペルーから日本に来る時に、日本でどういう仕事をするかについて、何も説明されませんでした。ただ、日本で仕事があるということだけしか伝えられませんでした。賃金についての説明もありませんでしたが、周囲の噂や情報からだいたい20万円くらいだろうというイメージはありました。日本に来た時の契約は、会社で2年間働くことでした。その当時の日本という社会に対するイメージとしてみんなが言っていたのは、日本では仕事ができて、落ち着いて生活ができるということでした。そして、貯金ができるということです。

　私と妻は、九州にあるコンクリート会社に勤めました。月曜から金曜の1日8時間労働で、時々残業がありました。給料は、妻の方が月15万円、私の方が月20万円でした。雇用形態は正社員でしたので、ボーナスも出ました。職場にはペルー人がいましたが、他の外国人はいませんでした。仕事が単純作業であったため、一度覚えてしまえば、日本語はそれほど必要ありませんでした。良かったこととして、会社側がペルー人従業員のために日本語の先生をつけてくれました。会社が手続きを手伝ってくれて市営住宅に住むことも出来ました。市営住宅の近くに小学校もありましたので、結構便利な場所でした。

　この会社が2007年に倒産するまで勤めましたが、一度辞めたことがあります。コンクリート、セメントにアレルギーを起こしたからです。特に夏場は腕や足にアレルギー反応がでました。妻はずっとコンクリートの会社にいましたが、私は一度辞めてまた入りました。2007年に会社が倒産するまで、最後までいたペルー人は私たち2人だけでした。そこで一緒に働いていたペルー人の多くが子どものいない夫婦で、私たちにはこどもがいたので自由に動くことができませんでした。一緒に来た15

人の消息は全く知りません。今は何もつながりはないです。

　2007年から、車のカーペット製造の会社に勤めています。生産の90％が日産向け、10％がダイハツ向けのカーペットを製造しています。当初はペルー人が5名、ブラジル人が約8名いました。しかし、現在ではペルー人は私1人で、ブラジル人も1人です。ここでは、派遣社員として働いています。登録している派遣会社は埼玉県に本社があり、担当者とは電話でやり取りをしました。

　契約期間は2か月で、2か月毎に契約更新します。2008年のリーマンショックで9月から派遣切りが始まって、私たちは2009年1月に解雇されました。解雇は1か月前に宣告されました。私たちは最後まで残った10人くらいのグループでした。妻は日本が話せることもあり3月に仕事を見つけました。私の場合、上司にはもう一度呼ぶから遠くに行かない様に言われました。失業保険を申請して、数か月間受給して、7月に声がかかり、また戻りました。失業していた期間は2009年の2月から7月までで、7月22日にまた働き始めました。

2人の息子の呼び寄せと日本での暮らし

　日本に来て1年半位して2人の息子を呼び寄せました。離れている時は毎週電話をしていました。できるだけ早く息子たちを連れてきたかったです。その前に私たちは2年間アメリカにいて、その間息子たちはペルーの母方のおばあちゃんと居ました。ペルーに戻った際は息子たちといましたけど、将来的には彼らを日本に連れてくる気持ちでした。日本に来たときは次男が9歳で、長男が11歳でした。子どもたちを呼び寄せた時点で、日本に長くいるのだろうとは思っていました。当時のペルーはガルシア大統領政権の時代で、テロ組織等で治安は悪かった。停電、殺人、爆弾騒ぎが頻繁でした。だから日本に残ろうと思ったし、日本で家族4人が揃っていたので前を向いて歩こうと思いました。仕事があっ

て、給料もいいし、そして落ち着いた生活ができていました。治安も含めて。息子たちは成長していたので彼らにより良いものを与えたいという気持ちが強くなりました。

（妻）仕事ができる限り滞在する予定でした。子どもを連れてくるとなると彼らにより良い教育を与えたいと考えていました。長男の帰化は、彼にとって最善のことだと思っています。日本国籍の方が就職先も見つけやすいし、2、3年前の話しですが、ペルー人は仕事を見つけることができませんでした。ペルー人だから仕事がみつからない、ペルー人の名字だから仕事が与えられないとか解雇されていました。ビザがあっても、やる気があっても、仕事ができる状況であっても、日本語が話せても、漢字が書けても、名字だけの理由で仕事がもらえないのなら、帰化した方が彼の将来にとって良いと思うし、確実だと思いました。

日本での生活で一番困ったことは、市役所で話す時に普段聞きなれない言葉で話されたり、書類関係を全部漢字で書かれていたりすると全くわからなかったです。その時は、他の日本人にお願いをしたり、息子のところに書類を持って行って記載内容を教えてもらったりしていました。

私の場合、今もスペイン語が話せる日本人の友達が2人います。ここではなく、以前住んでいた北九州においてです。わからないことがあればいつもかれらに聞きに行き、いつも連絡をとっていました。かれらに手続き等のやり方を教えてもらっていました。小学校の頃、息子たちは良い先生に恵まれていました。彼らにやさしく説明をしてくれていましたし、私たちにもそうでした。授業参観や運動会などの行事にも参加していました。息子ふたりとも小中高と部活でサッカーをしていたので、特に試合は見に行きました。そこで他の親御さんとも知り合いました。

普段の生活でのペルー人の方との付き合いですが、博多駅の方にペ

ルー人が多く住んでいます。そこにはカトリック教会があり、神父さんがスペイン語でミサを毎週日曜日にするので、ペルー人が集まっています。ペルーの独立記念日（7月28日）やクリスマスのミサには多くのペルー人が集まっています。あとは、個人的に連絡を取るペルー人もいます。

　ペルー人とブラジル人の一番の違いとしては、ブラジル人はポルトガル語を話し、ペルー人はスペイン語を話すように、言語の観点では大きな違いがあります。また、一般的に言って、ブラジル人の方が日本語を上手に話します。ブラジル人と仕事をする時は、日本語とスペイン語、そしてポルトガル語をごちゃまぜで話します。ブラジル人の生徒の高校進学率が低いそうですが、ブラジル人の場合、親が子どもを自由にさせすぎなのかもしれません。仕事をみつければもう勉強をしたくなくなるでしょうし。我が家の場合、2人の息子には大学まで行ってほしいと思っていました。長男は大学を卒業し、次男は今大学生になり、嬉しく思っています。

第6項　F（日系、男性）の語り

来日の経緯

　私は、日系人です。私の父親が日本人で母親がペルー人です。私は1993年に日系三世として来日しました。ビザの取得も容易で、その点は有利でした。子どもに関しては日系としてのビザが出ないのですが、私の日系三世というカテゴリーを利用して連れて来られた面も利点だと思っています。永住権に関しても日系なので取得しやすいのではないかなと思いました。

　ただ、日系人ですが、私の両親は離婚し母方の実家で育てられたこともあるので日系社会とはほとんど接触がありませんでした。なので、家

庭でも会話は全てスペイン語でした。ペルーにいた時に日本語の勉強をしたこともありませんでした。

　来日前に結婚していまして、夫婦共に農業大学を卒業しました。主人は農業関係の技師（農業エンジニア）でした。私は食品関係が専門で、卒業してからはそれに関係した仕事に携わっていました。妊娠を機に退職をして、生まれた子どもが双子ということもあり、しばらく主婦業をしていました。その後、主人が亡くなってしまい、来日を決めたことになります。

　日本に来ることを決意した理由としては、私の場合はペルーで家を買いたかったからです。日本には仕事があると聞いていたので、それなら可能だと思ったのです。来る時は家族と一緒ではなく、９人の友人達と来ました。職場の女友達と話していた時、日本への出稼ぎが話題になりました。そこで、日本から帰って来たばかりの同僚がいるから紹介すると言われました。それでその方が私のもとへ訪ねてきたのですが、同じく出稼ぎへ行っていた他の同僚たちなども一緒だったのでそこから段々と情報を得て行きました。

　日系人だからそれを意識して日本に来たという訳ではないです。ペルーから出て働く必要があったからです。必ずしも日本でなければいけなかったのではないです。その時、別の国を紹介されたら、その国へ行っていました。日本には仲介業者を介して来ました。旅費など必要な資金は仲介業者が払ってくれて、日本で仕事してから毎月払って行くシステムでした。私の場合は最初山梨に来まして、３か月働いて全額返して会社をやめました。それからこの県に来ました。山梨の仕事を３か月で辞めた理由は旅費を全額返金できたからと、山梨の仲介業者に自分の子どもたちを連れて来られるかどうかを申し入れた際、受け入れてもらえなかったからです。それで、この県在住のペルー人と連絡を取ってみた時、その人がこちらの仕事であれば子どもを連れてくることが可能だと言っ

たので山梨の仕事を辞めてここに来ました。

仕事のこと

　今も山梨からこの県に移動してきた時の仕事を続けています。仕事内容は食品加工の工場です。ずっと続けている理由の1つとして、元々私は食品関係の勉強をペルーでしていたのですが、山梨にはとりあえず仕事があるというので山梨に行きました。私の中の選択肢としては早めにペルーに戻るか、子どもたちを日本へ連れてくるかの2つだったのですが、山梨ではそれが出来なかったのでここに来ました。ここだったら子どもも連れて来られるし、他の工場に比べたら給料はあまり高くないけど、自分が勉強したことと関連している仕事が出来るのでここに来ようと決意しました。

　山梨にいた時は派遣会社を通じて入社しましたので派遣社員になります。ここに来た時は派遣会社からの紹介ではなく、直接会社と雇用契約を結び福利厚生もきちんとしていたので最初の5年間は準社員や契約社員の身分で働いていました。今は5年が過ぎたので正社員として働いています。

　現在、職場全体では65人の従業員がいます。職場には当初ペルー人が6人いましたが今は4人です。自ら退職しました。だいぶ前の話になりますが。他の3人は男性なので、仕事内容は私と違います。3人の男性のうち正社員は1人だけです。派遣社員ではないですが、給料は時給制です。彼らの雇用形態は正社員ではないですが福利厚生はしっかりしています。ただ、ボーナスのシステムが少し違うようです。私の雇用形態が変わる時、聞いてみたのです。正社員だと5時には上がれなくて、残業をしないといけないのかもしれないと思ったので。責任が多くなるから会社にいる時間が増えるかもしれないと心配しましたが、子どもが中学に通っていた間は残業で遅くまで残ることはなかったです。結構ゆとりのある雇用形態でした。今は少し厳しくなったみたいです。子ども

が高校に入ってからは残業をするようになりました。

　仕事は平日ですが、1か月に1回土曜出勤があります。しかし土曜出勤は残業として扱われるので自分が勤務可能な時間帯で出勤が可能であったり、仕事が早く終われば早めに上がれたりもします。

言葉の問題

　言葉の面では、確かに苦労しました。仕事に関しては、学んだことと関連していたためやりやすかったです。難しい言葉で説明されるとわからなかったですが、簡単な日本語だったらそれほど困ることはなかったです。

　日本に来てから、きちんと日本語を勉強する機会はありませんでした。普段の生活の中で学んでいたという感じです。自分の子どもとは最初日本語でコミュニケーションを取ろうと思っていたのですが、子どもの日本語力の上達が早かったので、いずれは親子間でのコミュニケーションが取れなくなるだろうと感じました。なので、子どもとはなるべくスペイン語で会話をするよう心がけました。子ども同士での会話は日本語が主流でしたが、私としてはやはりコミュニケーションが取れなくなることを避けたかったので、子どもにスペイン語を教えました。方法は、私がスペイン語で何かを質問して、子どもが日本語で答えるのですが、私はその答えをスペイン語に訳し、子どもに復唱させるといった感じです。勿論、教えて行く段階で個人差が出てくるようになりました。こういった方法でコミュニケーションが取れるようにしていました。

　スペイン語と日本語両方話せることが必要だと思っていました。親子間でのコミュニケーションのためでもありますがそれだけではなく、かれらのアイデンティティ形成にも関わってくることでもありますし、子どもがペルーへ戻ることになった時きちんとスペイン語を話せる状態であってほしかったからです。それがかれらのためにもなると思っている

ので。

子どもの教育

　日本に来てから大体1年半後に子どもを呼び寄せました。双子の子どもは6歳で、その下は4歳でした。最初は3人とも保育園に入って、それから上の双子は日本の小学校に入りました。当初描いていた家の購入は諦めました。子どもが来日してから子どもたちに良い教育を与えることに専念しました。それからペルーに戻る考えは捨てて、子どもの教育のために日本に残ろうと思いました。

　日本の教育システムにかれらを入れたことに関しては、かれらがまだ教育を受け始めた段階だったので大きな問題はありませんでした。私自身も子どもを日本の学校へ入れることに関しての心配もありませんでした。教育課程の途中だったら心配だったかもしれませんが。そうではなかったので。

　ペルーでの義務教育は日本でいう高校までなので、高校までは卒業させたいと思っていました。中卒という選択肢は私にはありませんでした。最低でも高校は卒業するべきだと思っていました。そのために、国籍に関係なくすでに高校生のお子さんがいる家庭の方に質問したりなどして事前に情報を集めていました。大学に関しても私自身は進学してほしいと思っていましたし、子どもにも大学進学を考えてもらえるように言ったりしていました。

　かれらはそれぞれ偏差値が異なる3つの高校へ行きました。下の子は偏差値が高い高校へ行き、双子の子は中間レベルの高校へ行きました。この中間レベルの高校では自ら先生に尋ねたりすれば支援されたと聞いています。小学校も中学校も教師に恵まれました。以前その教師たちからお子さんたちは他の日本人の子どもと同じくらいの学習能力がありますと言われました。偏差値の高い高校へ行った下の子に関しては、あま

り支援がないように感じました。その高校のスタンスはその高校に入ったのならば勉強だけして試験を受けなさいというようなものだったと思います。双子の子の場合は学校から様々な支援を受けていたと思います。

　3人の子どもはすべて大学を卒業しましたが、親として一番大事だと思っていたのは、環境だと思います。私はいつも良い教育の環境を与えようと思っていました。例えば本が置いてあるとか、かれらが勉強をし始めたら私はテレビを観るのではなく彼らの横で読書をするなど、そういう勉強のための環境を大切にしていました。整った環境を与えることです。勉強する時は部屋を明るくしたり、勉強に集中出来るようにテレビをつけないなど。私はかれらに勉強を頑張ることとスペイン語で会話すること、この2つを望んでいましたし、かれらもそれが私の望みであるとわかっていたのだと思います。だから私の望みに応えてくれたのだと思います。かれらのやる気を引き出すことです。後は、遺伝的なものでしょうか。私も夫も勉強が好きだったのでそういったことも影響しているのだと思います。

　ここでの生活は落ち着いています。これに関しては嬉しく思っています。子どもの教育においても、小学校中学校で特に大きな問題はなかったので満足しています。ただ、もう少し首都圏に近いところに住んでいれば子どもと離れ離れになる時間は減ったのかなと思います。長男は千葉の大学、長女は東京の大学へ進学したので埼玉辺りだったらきっとみんな自宅から通ったのかもしれないです。仕方ないことなので気にしていませんが。

これまでの生活の振り返りと今後

　双子の一人は観光学を学び、今は医療機器を外国に販売している東京の会社にいます。もう一人は現在メキシコでトヨタの会社で働いていま

す。下の子は在ペルー日本国大使館で働いています。

　今３人の子どもは別々に暮らしていますが、かれらはもう大人だし、私の中で皆一緒に暮らすべきという考えもないです。かれらは日本が好きだし日本はかれらの一部でもあります。どこに住むかを決められる年齢であるし、かれらはやっていけると思っているので特に心配はしていません。

　これから、どこに住むのかはっきり決まっていないですが、私自身はおそらくこちらに残るのだと思います。まだ娘が１人こちらにいますし、仕事もありますしきっと定年までいるのかなと思います。しばらくはまだいる考えです。

　良い面からみるとペルーにもメキシコにも日本にもいられます。例えば３カ月間メキシコ行ってそれからペルーへ行ってまた日本に戻るといった感じになるのではないかと思います。これはこれで楽しみです。今は仕事があるからここにいるという面もあります。しかし仕事があるからといって必ず残るというわけでもないです。機会があれば移動するかもしれないです。

　これまで、日本人であろうとペルー人であろうと問題なく今まで暮らしてきました。他の国籍ですと少ないですがアルゼンチンの方やメキシコの方と仲良くしてきました。不思議なことにブラジル人の方と知り合ったことはありませんでした。私の個人的な意見としては、同じ南米人といっても、ブラジル人とペルー人は考え方が少し違うように感じます。

　日本に来てから３回ペルーに帰国しました。１回目は子どもが小学校３年生くらいの頃に４人で一時帰国しました。理由は子どもの口に日本食が合わなくて食べられなくなってしまったことが心配になったからです。小学校３年生からどんどん進級して行くにあたっていじめにあうのではないかとの心配もあり、その流れで子どもがペルーの教育に適用で

きるかどうかということも視野にいれていました。でも一番は日本食の面でしたね。それなので1か月間ペルーに戻りました。

　2回目は長女がペルーで生活したいとのことだったので、一緒に帰国して、長女はそのまま残り、1年ほどペルーに滞在しました。3回目は1～2年ほど前ですが、下の子と帰国しました。3回とも滞在期間は1か月ほどでした。

　この21年間、ペルーにいる家族や親戚などとはすべて電話で連絡を取ってきました。例えば今、下の子がペルーにいるのですが、週に1回程度、大体金曜日か土曜日に連絡を取っています。

　21年間の日本生活を振り返って、大変だったり辛かったりした記憶はあまりなかったように感じます。日本に対して感謝しています。子どもと一緒に日本で暮らすことが出来ましたし、幸いなことに仕事も順調です。

　大人になった娘が言っていたのは、顔の作りが異なることと名前で何度かからかわれ、嫌な想いをしたということです。でも今は笑える話らしいです。息子は一時期悩んだこともありましたが乗り越えました。やはり外見的なものが理由になりやすいです。

　昔は仕事や子どものことで忙しかったのですが、今はゆとりができたので友人を作っていますがそれでも少ないです。顔見知りはたくさんいるのですが、私自身あまり社交的ではないので友人は少ないです。以前は仕事中心の生活だったので交友関係というものからは少し離れていました。仕事の面でも、ペルーにいた時に同じような仕事をしていた経験があるので、それほど辛いとかは思いませんでした。今の仕事は好きです。

第7項　G（非日系、男性）の語り

来日の経緯

わたしは、1992年に日本に来ました。現在、49歳です。日本に来たのは28歳の時と思います。その時が初めてで、日本に来てから一度もペルーには戻っていません。旅行でも戻っていません。日本に来る前はペルーの大学の法学部に所属していて、一応5年間の勉強は修了しました。しかし、卒業論文を提出しなかったため、弁護士とかの資格を取ることは出来ませんでした。そのためリマ市内やカヤオ市の裁判所で研修生とかインターンシップで法律に関わる活動には従事したことはありますが、ペルーでは給料をもらう仕事はしたことがありません。

日本に来るきっかけとなったのは、当時彼女だった今の妻が私よりも1年前に日本に来ていて、日本ならお金が稼げるよと言われて、貯金目的で日本に来日しました。そのあと彼女と結婚して、長女が生まれて、そのまま日本に残ってしまったという経緯があります。また当時は出稼ぎブームがありました。最初は1年のつもりでしたが、長女が生まれてあと1年、あと1年という形でずっと今まで残る結果となりました。お金が稼げるという風に言われたけれども仕事に関して運が良かったわけではないし、高い賃金をもらってきた訳でもない。現在でもそれはあまり変わっていない状態です。

仕事のこと

日本に来て最初に就いた仕事を今現在も継続しています。製紙会社の工場で勤務しています。その工場は古紙をトイレットペーパーに再生する工場です。日本に来て最初の6か月間はトイレットペーパーを箱詰めにしてリフトに乗せる作業の繰り返しだったのですが、その後、大きな容器に古紙を入れる作業（窯入れ）に代わり、現在もその仕事をしてい

ます。圧力容器に化学液体や水を入れて、この中で古い雑誌や新聞紙などをかき混ぜて溶かすわけです。古紙をトイレットペーパーに再生するための最初の工程です。その容器を古紙で2回満タンにする仕事です。

　分別して回収された古紙は、梱包機でプレスされ1トンほどの大きさにまとめられた後、製紙工場に運ばれてきます。自分の仕事は1トンほどにプレスされた古紙を大体10個分容器のなかに入れるわけです。1トンほどにまとめられた古紙は1階から3階までリフトで上げられますが、3階に上がったら一気に1トンずつのブロックをそのまま容器にいれるのではなくて、1トンのブロックを少しずつ切りながら容器の中に入れていくわけです。その過程で容器のなかで山の様に紙が積み上がってしまうのを避けるために入れた紙を混ぜるという手作業が加わります。この手作業が加わること、そしてブロック10個分の古紙（10トン）を容器に入れる作業をするために、時間が1時間から1時間半とかかってしまいます。古紙を入れ終わったら、液体を入れて混ぜて溶かすわけです。

　10トンの古紙が入るくらいの容器ですが、1階から3階くらいまでの高さもある大きな容器になります。3階に私たちは登って、容器の穴に古紙を入れるわけですが。非常に古い工程作業と言えて、新しい機械だったら違ったやり方があると思えますが。こういう工場は日本でも数少なくなっているのではないでしょうか。

　開始時間はいつも朝の6時からで、働いている時間は大体8時間です。以前はタンクを古紙で満杯になるまで入れる仕事を1日に3回していましたが、10年前ぐらいから2回になりました。なので、だいたい午後の2時、3時には仕事が終わっています。

　仕事はいつもペアでやっています。以前ブラジル人とペアになってやっていたことがありますが、日本人から信頼を得られたということもあり、自分でペアを決められることができて、ブラジル人からペルー人のペアにしました。

工場で働いている人の数は昔とあまり変わっていなくて、だいたい18名から20名ぐらいで、私の作業場には私をいれて2人だけです。再生されたトイレットペーパーを箱詰めにする作業は外国人がしているので、現在、外国人は3人です。トイレットペーパーを再生する作業の最初と最後が外国人です。わたしの作業場は、最初の頃は3人体制でやっていました。ですが、仲介業者が作業の様子を見て、3人ではなくて2人でもやっていけるだろうと判断したので、17年前ぐらいからずっと外国人の人と2人体制で行っています。

　仕事は工場の3階（一番高い場所）にある作業場で大きな容器の穴に高いところから古紙や液体を入れたりする作業で、その容器の中に落ちないようにするとか、入れる紙の量の調整をするとかでコミュニケーションを取る必要があるんですが、ペルー人同士だし、それほど多く話すことはありません。それ以外の人とは、あまり会話をしません。というのも、作業現場まで日本人はあまり上がって来ません。上司もその日のうちにやらなければいけない仕事を指示するために上がってきたら、指示した後はすぐに下に降りて、下から上を見張っているような感じです。こういう仕事は外国人がやるべきだというような意識を持っているのか、と感じるところがあります。

　ブラジル人とペアを組んでいたときはスペイン語とポルトガル語が混じったような言語で会話していました。そのブラジル人は日本人の子供で、当時は60歳くらいの年齢でした。日本語が堪能だったので、その仕事に就けられましたが、仲介業者が年配になったということもあって彼を仕事から外しまして、最終的にはペルー人2人が残ったということになります。

　仕事で1番大変なことは、やはり暑さです。特に夏場に関してはとても暑い。冬に関してはちょうどいい感じですけど。あと、山のように積み上がっていく古紙を全体に行きわたるようにするためにだいたい3

メートルくらいの鉄の棒を使ってかき混ぜるんだけれども、これも大変です。大変ですが1日中ずっとやっているわけじゃなくて、やったとしても1、2分から3分間その作業を交代、交代でやる。その作業にもだいぶ慣れてきたし、あの暑さに比べたら大変ではないですが。あと他に大変だと感じるところは、古紙が容器の中にある程度溜まった頃に容器の中に入って、古紙がもっと入るように溜まっている古紙の表面を足で踏みつけたり、広げたりという作業をあります。そうすることで、約10トンの古紙が容器に入るようにする。その踏みつけるというのが、結構煩わしいっていうか大変だと感じます。

派遣社員の身分で働いています。私の希望は正社員になることですが、会社側はその希望を受け入れてくれないです。会社は以前パキスタン人を直接雇用していたらしいのですが、何か問題が起きて、それ以降直接雇用ではなくて派遣を通して外国人を雇うようになったと聞いています。今現在工場内に勤務している3人の外国人は、私を含めてみんなが派遣社員として働いています。

きつくない仕事、もう少し労働条件が良い仕事に変わりたいという気持ちはありました。しかし、仕事を変えたらいつ解雇されるかも分からないという不安が出てくると思います。今の職場では信頼関係があるので、解雇される不安はありません。また、現実的に他の労働条件の良い仕事は見つけることが出来ませんでした。

給料は、当時は22万から25万ぐらいの給料をもらっていたんだけれども、現在は少なくなってだいたい18万から19万ぐらいになってしまいました。一番大きな理由としては社会保険で毎月4万から5万位引かれていることです。おそらく給料自体は22万から23万ぐらいなんですけれども、社会保険で引かれてしまので、現在は手取りで18万から19万くらいしかもらえないです。10年前位から残業の時間はとても減ってきていて、現在は月に3回ぐらい残業があっても、5000円くらいにし

かなりません。

「不法滞在」から在留資格を得て永住へ

　私も妻も非日系人です。私は最初、1年だけ滞在するつもりだったので観光ビザで日本に入ってきました。そして、それ以降5年位前までビザがありませんでした。要するに、「不法滞在」でいました。そういう理由もあって会社を変えることができなかったし、帰国することも容易にできなかった。「不法滞在」なまま日本を出てしまうともう日本には戻って来られなくなりますので。最初は長女が小学校に上がる時に連れて帰ろうとか考えていましたが、長女が育っていく過程を見ているうちに日本に残ってしまった。仕事を変えることもできなかったので、周りの人にまだその仕事をして低い給料をもらっているのかということも言われてきましたが、今現在となってはその仕事にも慣れているし、会社の中でもみんな大事に扱ってくれているし、他の人みたいに仕事をいろいろと変えて結局仕事を失ってしまったというような状況を見ると、私はこれで良かったかなと満足しています。仕事が早く終わればアルバイトを探してそれでどうにかやりくりをしていることがありますが、それで良いと思っています。

　5年前くらい前に在留資格を取得しました。「不法滞在」だったのが定住ビザに変わって、あともう少ししたら永住権がもらえることになります。

　私自身が法務省にて在留特別許可の申請を行いました。その際に弁護士の方から、条件として長女が中学校に通学をしていることであるとか、私自身が仕事を持っているということ、後は犯罪歴がないということ、または普段の生活態度なども判断の条件になる、と言われたと思います。

　強調しておきたいのは、私自身が「不法滞在」であったことに関しては別に恥ずかしくもないし気負っているつもりも全くないということで

す。「不法滞在」をしている人たちというのはだいたい悪い人とか良くない人に見られるかもしれないけれども、私自身学歴もあるししっかり仕事もしてきたし、そういう面で全然問題だとは思ってはいません。ですので、私はこの件について聞かれても全然問題ではありません。

　在留特別許可の申請を行った時は私だけではなくて、家族全員が申請に行きました。当時、この件を見てくれていた弁護士からは、あなたは逮捕されるかもしれないと言われていましたが、法務省の人たちからあなたは在留特別許可がもらえる条件を兼ね備えていて該当するから大丈夫だよって言ってもらえました。弁護士は全く逆の事を言っていたんですが、法務省の人がそう言ってくれたので安心しました。この在留特別許可が下りるまで大体２年の月日が経ちました。

　弁護士に辿り着いた経緯ですが、当時インターナショナルプレスという新聞がありまして、そこにお世話になった弁護士の名前が頻繁に表れるようになっていました。今では「不法滞在」を扱う弁護士は結構いると思いますが、当時彼はすごく評判が良かったので、この弁護士の所にいきました。その時に私以外にも同じようなケースの４家族がいましたが、最後まで申請できたのが私の家族ともう一家族だけでした。他の家族は途中で仕事がなくなったり、父親、母親が捕まってしまったりとかで結局途中で在留特別許可の申請まで行けませんでした。私の家族ともう一家族だけが在留特別許可までこじつけることができたのです。お金に関しては分割で毎月３万円くらい支払っていました。

　今現在私自身は既に定住ビザというビザを取得していますので、「不法滞在」に関しての興味が少し薄れてきていますが、スペイン語で発行されるニュースとか新聞とかの法律関係のところに関してはなるべくチェックはするようにはしています。

　長い間家族全員が「不法滞在」でしたが、長女が小学校と中学校に上がる際には特に問題はなかったです。実際、出席簿には名前は載ります

が、在留資格は載っていませんでした。従って、先生は長女がビザを持っているか持っていないかわからないまま長女は普通に接してもらっていたと思います。ただ在留特別許可の申請に行った時に、どこからかその情報が先生や他の人に行ってしまい、変な目で見られたということはありました。それ以外は特に「不法滞在」だったということで学校の方で問題だったということはありません。

　長女が中学校ぐらいの時に初めて自分が「不法滞在」だったということを知った時は、やはり最初すごく驚いていました。ただ、彼女自身はそのことに対して怖がるという様子が全くなくて、例えば家のドアを警察が叩いて私たちがびくびくしながら対応している中で、長女は平気な顔して警察の対応をしていました。長女は自分が日本で暮らしていく権利があるのだと思っていたらしくて、そういう感情を表向きに出していましたが、やっぱり私たちはそういう風にはいかなかったし、圧力がかかるとすれば子どもに対してではなくて私たちにかかってくるだろうと思っていましたので、非常にびくびくしていたんです。けれども長女自身はそういう素振りも見せずに、在留特別許可の申請を行った時も自分は必ずもらえると信じていたみたいです。

　外国人登録証には在留資格の欄に「在留資格なし」と記載されていました。しかし、外国人登録証を普段あまり見せることはなかったですし、特に問題にはなりませんでした。ただし、私は国民健康保険に加入していませんでした。私の妻は持っていました。妻は最初に来日した時に１年間のビザを持っていたらしくて、その時に保険に入っていた記録が残っていたために、「不法滞在」になっていた時もお金を払うことで、再加入できたようです。長女が生まれた時も妻は「不法滞在」でしたが、国民健康保険に加入しており、長女についても保険加入が認められたようです。在留許可がないと感づかれた時にはどうするのか等、いろいろと不安はあったようですが、結局は妻の国民健康保険は更新されて、妻

と子どもは国民健康保険に「不法滞在」中もずっと加入していました。「不法滞在」の間は、私自身どの保険にも入っていませんでした。なので、特に病気にならないようにと気を付けていました。

　「不法滞在」でも外国人登録していれば制度上は保険に入れるというようなことはなんとなく知っていたのですが、それを市役所の人に言っても、結局相手にされなかった。それをいちいち議論するのも億劫だったので特に議論せずにいました。

　私自身日本に永住したいと思っているんですけれども、それを決めるきっかけとなったのはおそらく長女が小学校に上がったときのことだと思います。私自身ペルーにいたときは大学に行って法律の勉強をして、まあまあの成績を残した。ペルーで大学の勉強を活かす仕事に就ける可能性もあったわけですが、日本に来てみて日本が好きになったし、子どもが出来たことによって日本に残るという可能性に賭けてみたかったという気持ちも正直ありました。5年前に在留資格を取りペルーに戻ることができるようになった（注：定住資格が取得できたので日本を出国しても再入国許可が得られるようになったという意味）にも関わらずそんなにペルーを恋しく思ったりすることがなかった。今でも、いつかはペルーに帰ろうという考えもありません。今後も日本に暮らしていきたいと思います。

　日本社会の大きな特徴として私が感じているのは、安全であり、またペルーに比べて落ち着いた生活ができるということです。あと日本人の親切心、そして日本人に対して信頼できるということです。例えば、あることを言われたらそれを責任もっていとやるという点では、やはり日本人はペルー人よりも優れていると感じます。

子どもへの想い

　私自身は長女がいずれは帰化すると思っています。弟の方に関しては

長女ほどスペイン語が話せるわけではないので、なおさら帰化するのではないかと思います。家の中では基本スペイン語ですが、スペイン語能力に関しては弟よりも長女の方が秀でているということがあります。

　ペルーに残した家族に関しては会いたい気持ちや哀愁があることには変わりはありませんが、実際のところ私だけが日本に来たわけではなくて、私の兄弟も２人日本に来ましたし、その内の一人はまだ日本にいます。もう一人は３年くらい前に家族と一緒にペルーに戻りましたけど。私の妻の兄弟も日本に来ていたことから、ある程度家族が近くにいた環境であったので、そんなに寂しい思いをしてきたわけではありません。自分の両親に関して一番気がかりなのは父親が今病気だということです。もしペルーに帰るのだったら父親に会う目的で帰りたいと思うし、自分の母親に関してはいつか日本に観光で連れてきたいとはいつも思っています。

　両親とは、毎週電話で話はしています。現在は昔に比べたらテクノロジーとかインターネットが普及して、昔は日本ペルー間で３分間話すのに1,000円かかりましたが、今ではその1,000円で何時間も喋ることが可能になったので、親との連絡がすごく取りやすくなったとは思います。

　２人の子どもの進路については、大学を卒業してから就職してもらいたいというのが希望です。私は、両親から、特に財産はないけど教育を受ける権利は保障してあげたいと言われて育ちました。わたしも物質的に贅沢なものを子どもに与えることは出来ませんが、教育を受けることに対しては最大限サポートしたいと思っています。だから、今長女が大学に通って勉強できていることにすごく満足しているのです。

第8項　H（日系、男性）の語り

来日の経緯

僕は1990年に初めて日本に来ました。北関東のA市にずっと住んでいて、2か月前に関西のここに来ました。10年前に一度ペルーに帰国して、1年半後に日本へ戻ってきました。それからまた今から1年半前にペルーへ戻り、向こうで仕事をしていたのですが、次女が3人目の子どもを産んで色々と手助けするために今年の8月にまた日本へ来ました。とりあえず次女の3人目の子どもが保育園に入るまでは日本にいて、少し貯金してからまたペルーへ帰国することを考えています。

最初に日本に来た時は、父が日本に戸籍を持っていたので日本人の子として来日しました。その時はすでに結婚して、子どもが3人いて、一番上の長女が9歳、長男が8歳、次女が7歳でした。先に僕が単身で来日して、8カ月後に妻と子ども3人が来日しました。

最初は、僕が試しに来日して2年間仕事をしてから帰国しようと思いました。しかしペルーの情勢、特にテロや経済危機などがあり危険だったので、8カ月後に妻と子どもを呼び寄せることになりました。

日本での仕事は、周りの出稼ぎ者と同じで仲介業者の世話になりました。その仲介業者が日本で仕事したいペルー人を集めるために担当の人をペルーへ派遣していまして、その派遣業者の紹介で、ペルー人が26人集まり皆一緒に来日しました。旅費はその仲介業者に一旦立て替えてもらい、仕事を始めてから全額返金するということでした。

僕はリマにいた頃トラック2台を持っていたのでそれを売って旅費を工面しようと仲介業者に相談したのですが、その必要はないこと、ある程度生活出来るお金だけを用意すればいいと言われました。

リマでは、コカコーラやインカコーラ、そういった飲料会社の配送を担当していました。ビンを回収したり新しいビンを届けたりしていまし

た。自営業みたいなものです。

　ペルーへ派遣されていた日本の派遣会社の担当者のところへ面接に行った時、3日後に出発は可能かと聞かれたので、すぐに来日を決めるしかなかったのです。決め手となったのは当時のペルーの経済状況です。アラン・ガルシア大統領の時代でしてインフレーションが激しく、その後すぐに政権交代が起きましたが社会的な変化が大きかったため国民はついて行けず、どうしたらいいのかさえわからない状況に立たされました。加えて当選したフジモリ大統領が選挙期間中に発言していた公約は、期待していましたが果たされなかったです。変化ばかりが起き、物価も上がって行きましたが、給料は上がらないと言われたので、日本に来ることを決意しました。このままペルーの状況が良くなるのを待つよりは行ってしまおうと思ったのです。

　スーパーインフレというのは、例えば、トラックの最大給油量は120リットルだったのですが、スーパーインフレが起きる前だったらトラックの満タン給油（120リットル）が出来た金額で、スーパーインフレが起きて以降は同じ金額で20リットル分しか給油出来なかったです。物価が6倍になったことになります。勿論給料は上がりません。インフレ前の給料と同額です。子どもの学費の面もそうです。私立の学校へ通わせていたのですが、月謝がどんどん上がって行きこちらの支払いも困難になりました。日常生活でスーパーインフレの例を言うならば、インフレ前ではパンを10個買えた金額で、今度は2個しか買えなくなりました。砂糖を買うにも朝早く起きて店に並ばなければ行けなかった。しかも1人1キロまでしか売ってもらえなかったです。キューバの経済状況に似ていたかなと思います。

　日本での仕事については、ペルーで少し説明されましたし、1988年には僕の家族が来日していたので大体想像はついていました。ペルーでもらう賃金よりもかなり良いことだけはわかっていました。ただ、契約期

100

間やボーナスの有無に関する話はありませんでした。正確ではないですが、1500 ～ 2000 ドルはもらえると話を聞いて来日しました。

派遣会社に立て替えてもらった旅費は、オランダ経由で来日したため大体 2300 ドルでした。その額を 3 ヵ月間で返済するよう言われたので、働き始めてから毎月 800 ドルずつ返済しきちんと 3 ヵ月で全額返金しました。それ以外の生活費は持参したので借金はそれだけでした。

日本語

来日した時、日本語は簡単な単語くらいしかわかりませんでした。親は日本人でしたが、実家では日本語を全く話さなかったです。第二次世界大戦後にペルーは日本との国交を断絶したことから領事館や学校が閉鎖されました。仕事に関しては略奪行為が行われて再起不能になり、ペルーでの日系社会が機能しなくなりました。日本人であること、日本語を教えていることを理由にアメリカへ強制送還される危険性もありました。そういった危険性から身を守るために出生届を出さない人もいました。ペルーと日本が国交を再開した後も、いずれ自分が日本へ行くということは全く考えていなかったのです。そのため、日本語を勉強しようという気もなく、日本語は全く出来なかったです。

だから、日本に来た時はとても不安でした。一緒に来たペルー人は皆不安だったと思います。私の場合は先に来日していた従兄から、大体の仕事の内容、日本語はそんなに使わないこと、時々ベテランの通訳も付けてもらえるということを聞かされていました。こうして生活して行く中で少しずつ日本語を覚えていきました。

仕事

日本へ来た後も契約期間やボーナスに関する説明はありませんでした。給料の額と、そこから毎月旅費を引き落とすといった説明しか受け

ていないです。僕は土曜日の夜に日本へ到着して、月曜日にはもう仕事を始めていました。

　最初僕は建築関係で使う素材を扱う工場に5年いました。それから妻と同じプラスチック関連の工場に勤務し（注：妻は来日2か月後に工場勤務）、8年そこで仕事していましたが、人件費削減が起きたため退職しました。時給が1300円から1000円へ減額されることになったのですが、その仕事内容は結構大変なもので時給1000円というのは見合っていなかったのです。納得がいかなかったので退職しました。

　僕が日本で一番長くした仕事はプラスチック関係でした。当時は一番安定していた業種でした。加えて、朝8時から夜8時までの二交代制で残業も出来たのでその仕事をしていました。工場勤務で、ずっと12時間労働でした。

家族呼び寄せ

　僕が来日して8か月後に妻と子どもが来て、まずかれらが日本に適応出来るかを待ちました。そのような中で子どもは学校へ通い始め、妻は仕事をするようになり生活がうまく出来るようになっていったので、段々と定住する方へ考えが進んで行きました。

　（妻）日本に来てから最初の2ヵ月間は仕事をしていませんでした。家の向かいにプラスチック関係の工場があって仕事をさせてもらえないかと頼みに行きましたが断られました。色々探していましたが見つからなかったです。そんな中で子どもを学校へ送り迎えをしていた時に校長先生と話す機会があって、仕事はしていないのかと聞かれたので探していますと言ったら、校長先生の友人が社長をしている工場を紹介されました。その工場が一度断られた工場でした。そこで11年くらい働きました。不況になって給料が下げられることになりましたが、社長に給料が下が

れば退職をするしかないと相談しに行ったら少しだけ増額してくれました。しかしそれでも生活が難しかったので最終的には退職しましたが、最後までその工場の方々には良くしてもらいました。その工場は家からすごく近い職場だったため、私はお昼の時間に一旦帰宅して子どもに会うことが出来ました。

　勿論、最初はいつか帰国したいという気持ちがありましたけど、ペルーのニュースを見る度に状況の悪さを感じて行きまして、段々と帰国の意思は薄れて行きました。1993年にテロ軍団の主犯格が捕まり、ペルーの状況が少しは良くなり始めましたが、子どもたちは日本で教育を受けていたので、子どもの教育が終わるまで日本にいようと決意しました。

　家族4人を呼び寄せる費用は、貯金とペルーにあったトラックを売って作ったお金をあてました。僕が来日した当初は同じ一軒家に5人の仕事仲間と生活していたので、妻と子どもが来ることになった時、別のアパートを用意してくれないかと会社に相談しました。僕の名義ではなく、会社の名義でアパートを用意すると言われました。お金は全額僕が出しますが、名義は会社です。それだと会社の所有になってしまいます。それは嫌だったので結局1ヵ月間は仕事仲間と同じ家に1か所スペースを借りて住みました。その後、友人の仲介の下、別な家を見つけて引っ越しをしました。1ヵ月間他の仕事のメンバーと共に家族で暮らしていたわけですが、幸いなことに、みんなと知り合いだったので特に問題は起きませんでした。

　アパートについては、当時、僕は日本語を勉強していたので、その日本語の先生が紹介してくれました。その先生が知っていた大家さんに紹介してくれて、借りることが出来ました。先生のサポートがあって家を借りられました。敷金礼金の苦労より、その家はだいぶ放置されていて古かったので、入居する15日前から妻と2人で掃除をしてなんとか住

める状態にすることのほうが大変でした。当時外国人が物件を借りることは難しかったです。近所の方も日本人だけでしたし、外国人住民は僕たちだけでしたが、なんとか日本の生活に適応することが出来ました。

ペルーと日本の生活のリズムは基本的に全部違います。ゴミ出しのルールとか、音楽を大きな音量で流してはいけないことや、夜10時を過ぎたら静かにしないといけないなど、ペルーでは許されていることが許されない。新しいルールに適応しなければいけなかったです。ペルーだと遅くまでうるさくしていることが当たり前じゃないですか。

妻と子どもと離れていた時は、15日に1回程度連絡を取っていました。手紙より電話重視でした。後、テープレコーダーを買って、電話がなかなか出来ない時は声をテープで録って送りあっていました。

（妻）：日本に来ていいよとの連絡が来た時は本当に嬉しかったです。子どももお父さんと離れ離れで淋しがっていました。テープが届いて聴く度に泣いていましたから。8か月間淋しい想いをしていました。

子どもは良く言うことをきいてくれました。ペルーには親と子どもは一緒にいることを大事にする文化があります。子どもは3人とも小学校に入って高校まで日本の学校で勉強しました。

今までの振り返りと今後

行きたい国を選んだわけではなく、日本に来たのは当時のペルーの社会情勢が原因です。アメリカに行けと言われたらアメリカに行きました。ロシアに行けと言われたらロシアに行きました。日本に行けるチャンスを得られたので日本に来ました。日本は違う世界でしたが、なんとかここでの生活に慣れることが出来ました。

（妻）私たちはずっと仕事で朝は家族全員がゆっくり会える時間はなかったです。とても大変でした。子どもにも辛い想いをさせたと思います。かれらもたくさん頑張りました。

僕も妻には定時で上がれないかと相談しましたが、残業を断ると解雇される危険性もあるのでなかなか家族との時間は作れませんでした。
今後は、2人だけで戻ることが今の予定です。今僕がアルバイトとして働いて、妻は家で次女の手助けをしています。

（妻）私たちが帰国しようと思っているのは、日本だと年取った人はなかなか仕事を見つけることが出来ないからです。子どもにもかれらが抱えている心配の他に私たちのことで余計な心配をかけてしまうことになります。日本は物価も高いですから、仕事が見つからないのだったら帰国するしかないのです。

それと僕たち出稼ぎ者には退職金も支払われません。今も変わらずそうです。だから年を取った貯金のない出稼ぎ者達は、ひどい言い方かもしれませんが、どうにもなりません。年老いた出稼ぎ者達に残された選択は、日本に残って子どもたちに養われながら暮らすか、貯金を持って帰国してペルーで何かを始めるかのどちらかです。僕たちはまだ良い方です。ペルーで家を買いましたし貯金もあります。その点は少し安心しています。
10年前に一度帰国した時、僕はそのまま残るつもりで帰国しました。妻からはペルーへ旅行しに行こうと言われましたが、そうなると貯金をたくさん使ってしまいます。だったらもうペルーに残って向こうで何か始めるための資金にすることを提案して決定しました。もし何かあれば永住ビザがあるのでまた戻って来られますし。しかし孫が日本で生まれ

て2人きりでいることが寂しくなり、1年半後にまた日本へ戻ってきました。

その帰国の時は最初は2人だけで戻りましたが、その後次女がスペイン語を学ぶために一度戻ってきました。その後ある程度スペイン語の勉強を終えた次女が日本に行くことにしたので僕たちも同行しました。

今まで経験した仕事場にはほとんど外国人労働者がいました。日本人の方がやりたがらないような危険な作業や汚い仕事を外国人労働者に任せていたので必ずいました。最初の職場には8人くらいの外国人労働者がいました。景気が良ければたくさん仕事をもらえるけど景気が悪くなるとすぐに解雇されてしまう。そういった環境の仕事に外国人労働者は従事していました。

一緒に来日した26人とはもう連絡を取っていないです。23年経ったのでかれらが今どこで何しているのかわかりませんが、A市にいる長女を訪ねた際、すごく少なかったですが、26人の中の何人かはまだ残っていました。ここでは最近仕事仲間で出会った家族の方々くらいしか知りあいがいません。A市にいた時は子どもたちの学校やカトリック教会などで同じペルー人の出稼ぎ一家に出会ってたくさん交流出来ましたが、やはり今はもう誰とも連絡を取っていないです。

今のペルー人の若者は、比較的良い仕事を持っています。ペルーは最近少しずつ経済的に成長しています。大学を卒業すれば何か仕事を見つけることが出来るので最近の日系人は来日したいとは思っていないと思います。出稼ぎにきた親たちの仕送りで日系人の子どもたちは良い大学へ進学しました。その中でも日本に出稼ぎで来るのは少ないと思います。

ブラジル人とペルー人の違いについて、僕の見解なのですが、ブラジル人の場合は第二次世界大戦後のペルーのように日本との国交を断絶した経験がないので、日系文化が特に強いと思います。多くの日本人やブラジル人が互いの国を自然に行き来出来ました。言語的な面でもペルー

人の日本語力はブラジル人に比べて低いです。その原因もペルーが日本と国交を断絶したからだと思います。ペルーの日系人のほとんどは沖縄や熊本のように本州でないところにルーツを持っています。ブラジルの日系人は大体が本州にルーツを持っています。名字も沖縄の名字と本州の名字という具合に違います。ペルーの日系人は沖縄の名字を多く持っています。だからペルー人とブラジル人はいわば離島の人間と本州の人間であり、そのためやはり違うところがあります。外見的にもペルー人は沖縄よりで、ブラジル人は本州よりです。文化的にも沖縄の文化を継承しているペルー人と本州の文化を継承しているブラジル人とでは違うところはあると思います。

コラム1 1990年前後のペルーの政治・経済情勢：出稼ぎのプッシュ要因

　1990年前後に多くの日系ペルー人が日本へ出稼ぎに来るようになった背景には、ペルー国内での経済情勢と治安の悪化が深く関係していた。1980年代はラテンアメリカ全体が「失われた10年」と呼ばれるほど深刻な経済状態にあった。「失われた10年」は1982年のメキシコにおける通貨危機に始まり、ラテンアメリカ諸国は共通して巨額の対外債務問題に直面していた。

　ペルーでは、1985年にAPRA（スペイン語の頭文字で、アメリカ人民革命同盟）のアラン・ガルシア政権が誕生した。反政府ゲリラ集団のセンデロ・ルミノソ（英語でShining Path）の弱体化と年6％の経済成長年率を公約として掲げたガルシア政権への国民の期待は高かったと言われる。ガルシアは、巨額債務の返済は事実上不可能であるとして、対外債務支払いを輸出総額の10％に制限すると決めるが、この結果、国際金融界から孤立し、80年代末には2000％というスーパーインフレを招来し、政権の座を降りる。この間、ゲリラ活動が全国的に展開された。

　1990年に熊本県にルーツを持つ日系人アルベルト・フジモリ（本名：Alberto Ken'ya Fujimori Fujimori）が第91代ペルー大統領に就任する。ペルー及び世界の日系社会の歴史の中でも日系人が大統領に選出されるのは初めての出来事であった。

　フジモリ大統領は、IMFや世界銀行等の国際機関との連携のもとに、構造調整政策を徹底化した。新自由主義経済化を促進し、対外開放政策、国営企業の民営化、労働規制の撤廃、社会福祉支出の見直しなどが実施された。この結果、貧困層は国民の約半数に達するとともに、中間層が大きな打撃を受けたといわれる。一方で、世界経済との統合強化の下での経済の安定と構造改革によって外資が流入し、90年代中ごろから経済は回復し始める。1992年にはセンデロ・ルミノソの最高指導者が逮捕されて、ゲリラ活動は沈静化に向かう。

第1章 出稼ぎ労働者8人の語り

ペルーで経済情勢と治安が最も深刻だったのは、80年代末から92年頃までだったと言える。この間、アンデス地域の中心であったセンデロ・ルミノソとともに、アマゾンジャングルを拠点としていたMRTA（トゥパク・アマル革命運動）の活動も活発化した。この2つのテロとゲリラ運動は89-92年に最も活発化し、12,000件程の事件を起こしている。年平均で約3,000件（1日あたり約8件）のテロ・ゲリラ事件が起こっていたことになる。

コラム2 ペルーの教育制度（私立学校）

ペルーの学校はほとんど公立であり、私立の学校は15%程度を占める。私立学校では、日本のように教育段階（初等教育、中等教育）に分かれて、各学校で教育が行われるのではなく、ペルーでは一般的には、幼稚園から中等教育修了まで一貫した教育が行われている。

幼稚園（Educación Inicial）には3つのレベルがあり、3歳児、4歳児、5歳児が入園している。初等教育（Educación Primaria）は6年間、中等教育（Educación Secundaria）は5年間で、義務教育期間は11年間である。卒業後は、大学か、専門学校に進学できる。

ペルー教育制度

教育レベル		時　間	年　齢
大学院		2-5年間	
高等教育	大学1	5年間（法学部6年間、医学部8年間）	17-21歳
	専門学校	2-3年間	17-19歳
中等教育		5年間	12-16歳
初等教育		6年間	6-11歳
幼稚園		1-3年間	3-5歳

※注意1　大学に入学するためには、中等教育を受けながら大学予備校に通う学生が多い。
※注意2　ペルーの学校には落第制度があり、留年する学生もいるので、この表の年齢は目安である。

学校は３月に新学期が始まり、12月に終業する。冬休みは７月末（独立記念日のあたり）からであり、夏休みはクリスマス直前から２月いっぱいまでである。中等教育は８時頃から３時頃まで、初等教育は８時頃から２時頃まで授業がある。

コラム3 リマ市の日系人学校

ペルーのリマ市には、以下の５つの日系人学校がある。いずれも私立校であり、ペルーの教育制度に伴い、該当地区の児童生徒のニーズに合わせ、初等教育と中等教育を実施している。遠い地区から通っている児童生徒もいる。授業料はおおよそ５千円から２万３千円の間である。

（1）ラ・ビクトリア学校（CEP Peruano Japonés La Victoria）

戦後創立され、もともとはラ・ビクトリア地区に位置していた。2012年に現在のマグダレーナ・デル・マル区に移転した。日系コミュニティの代表的な教育機関である。

（2）ラ・ウニオン学校（CEGECOOP La Unión）

リマ市、プエブロ・リブレ地区に 1971 年に創設された。1993 年から、ペルー文部省の許可を得た通信教育も行っている。ラ・ビクトリア学校と同様にリマ市の日系コミュニティを代表する学校である。

（3）ヒデヨ・ノグチ学校（Centro Educativo Peruano Japonés Hideyo Noguchi）

この学校は農家を営む住民が大半を占めているリマ市コマス区に 1987 年に創立された。ペルーの学校では一般に給食を提供していないが、この学校では自家製の野菜と果物を使用した給食を提供している。

（4）ホセ・ガルベス学校は（IEP José Gálvez）

カリャオ憲法特別市に 1910 年に創立され、ペルーで最も歴史のある日系人学校である。以前はこの地区にも日系人が多かったが、年々少なくなってきている。日本移民の歴史的なシンボルの１つであると言える。

（5）サンタ・ベアトリス幼稚園（CEINE Santa Beatriz 旧時習寮）

　1928 年に時習寮として創立され、1938 年にサンタ・ベアトリス校と名義変更した。1975 年に小学校を切り離しサンタ・ベアトリス幼稚園として再出発した。3 歳から 5 歳までの子どもを対象としている。本園を卒業した園児の多くはラ・ウニオン学校に入学していると思われる。

　日系人学校は、日本からペルーへ伝えられた文化と価値観を子孫に継承させることも目的にしている。設立当初、日系人学校に通う児童生徒の大半は日系人児童生徒であったが、時代の流れとともに日系人児童生徒の割合は減少してきた。その背景として、高等教育への進学率がより高く、英語教育を重視した非日系人学校に通う日系人児童生徒が増えていることが挙げられる。現在、日系人児童生徒の割合が 5 割を超えているのは、ラ・ビクトリア学校とラ・ウニオン学校である。

第 2 章　日本で成長し大人になった若者たち

はじめに

　著者は、1992 年に 8 歳の時に両親の出稼ぎに伴い初来日した。その後、専門学校を卒業するまで日本で生活をした後に 6 年間ペルーでの生活も経験した。そして、2011 年 3 月末に再来日を果たし、今現在も日本で生活をしている。要するに、人生の半分ずつを日本とペルーで生活をしたことになり、初来日をしてから約 20 年間という時間が経過していることになる。

　この 20 年という期間は非常に意味があると感じている。出稼ぎとして来日した著者の親世代のペルー人にとっては、言うまでもなく、人生の転機になった重要な時期であっただろう。同様に、親に同行した子どもたちにとっても幼いながらも人生の転機になる出来事であったと共に、異国の地へ渡るということがその後の人生に大きな影響を与えた出来事でもあったと考えられる。そうなると、親に同行した子どもたちの 20 年間には何が起こったのかと考えさせられる。先行研究の中には、学校に通学している外国人児童生徒を扱っているものは多数あるが、外国人児童生徒が日本社会で成長して社会人となっていく過程でどういう時間を過ごしたのか、何が大きくかれらの生活に影響を与えたのか、または今後の人生についてどういう希望を抱いてきたのかを扱った研究は少ないと思われる。更に言えば、在日ペルー人に限定した研究はほとんど皆無と言えるだろう。

　そのため本章では、出稼ぎの親に同行した子どもたちの日本での成長過程に焦点を当てることにした。その際、最終学歴の違いがかれらのこれまでの人生や現在の状況に対する満足度を大きく規定するとの考えから、最終学歴が違う調査対象者 16 人を選出し、かれらが大人になっていく成長過程とそれに影響を与えた諸要因を探ることを目的にして、インタビューを行った。

　結論を先取りして言えば、今回の調査対象者である 16 人は、成長過程に

112

おいて様々な苦労を体験してきたが、かれらの日本での生活に対する「満足度」は総体的に高かったと言える。最終学歴の違いは、日本での生活の「成功」・「安定」・「満足」に対するかれらの意識の違いに直接的な影響を与えていなかった。そして、かれらの人生を支えてきた最も大きな要因として「家族」の存在とつながりが浮かび上がった。本章では、これらの点についてかれらの語りを引用しながら詳しく論じる。

第1節では、在日ペルー人の若者の簡単な統計と調査対象者をどのように選出したのか、およびどのような人たちなのかを紹介する。

第2節では、調査対象者の日本での生活がかれら自身によってどのように意味づけされているのかをみていく。今現在までの日本での生活を振り返ってもらった結果、「家族」の存在が大きな要因と浮かび上がった。このことを踏まえ、ペルー人にとっての家族とは何か、および家族の誰が調査対象者にどのような影響を与えたのかについて、家族の形態を分類しながら考える。

第3節では、最終学歴について取り上げる。かれらの進学及び最終学歴にどのような要因が影響したのかをかれらの証言を基にみていく。そして、調査対象者を小学校入学前に来日した人と小中学校に編入した人に分類した場合、どのような違いがみられるのかについて検討を加える。最終学歴別に現在の雇用形態に違いがあるのかどうかについても触れる。

第4節では、かれらが今後どのような将来設計を考えているのかについて、帰国の希望があるかどうかを基に簡潔にまとめている。親が帰国の意思を常にちらつかせて日本での生活を送ってきたなかで、調査対象者は帰国という問題をどのように考えていたのか、そして今後をどのように考えているのかをみていきたい。

「おわりに」では、全体の内容を簡潔にまとめる。

第 1 節 日本で成長した在日ペルー人の子どもとは

第 1 項　調査対象者の選出

　1990 年以降、出稼ぎの親に同行して来日した子どもたちは、2013 年現在で20 歳代から 30 歳代の年齢になり、日本社会の中で生活していると考えられる。ただし、初来日してからずっと 日本で生活してきた者、一時帰国後（短期、長期）日本において学業復帰または（再）就職している者、家庭等の事情により完全帰国した者、そしてペルーで教育課程を修了して新たな出稼ぎ者として再来日した者がいると考えられ、正確にどのくらいの子どもたちが日本だけで成長して 大人になったのかという数値を導き出すのは困難であろう。

　表 1 は、2010 年から 2012 年の 20 歳から 39 歳までの 5 歳毎の在日ペルー人の男女別人口統 計を示している。2010 年からの表を作成したのは、1990年からちょうど 20 年が経過しているからである。

表1　20歳から39歳までの在日ペルー人の男女別人口統計(人)

年齢 ＼ 年	2010年	2011年	2012年(注1)
20～24歳（男）	1,939	1,741	1,535
（女）	1,819	1,631	1,468
20～24歳（男）	2,201	2,011	1,892
（女）	2,231	2,019	1,837
20～24歳（男）	2,616	2,421	2,141
（女）	2,403	2,222	2,067
20～24歳（男）	3,300	3,074	2,620
（女）	2,849	2,691	2,350
総　数	19,358	17,810	15,910

注 1 : 平成24年度は1歳毎の統計であるが、独自で計算した数値
出典 : 法務省ホームページ
　　　（http://www.moj.go.jp/housei/toukei/toukei_ichiran_touroku.html
　　　最終閲覧日2014年1月8日）『在留外国人統計』の数値より筆者作成

　2010 年、2011 年と 2012 年の 20 歳から 39 歳までの総数はそれぞれ 19,358 人、17,810人と 15,910 人であるが、これは何を意味しているのか。同年の在日ペルー人の総数が54,636 人、52,843 人と 49,248人で、20 歳から 39 歳までの若者の構成比がそれぞれ35.4%（2010 年）、33.7%（2011年）、32.3%（2012 年）である。在日ペルー人の総数が年々減少しているなかで若者の構成比も減少傾向にあるが、それでも 3 割以上をこの世代の人たちが占めていることになる。

調査対象者は、日本在住の人に限定し、地域的、職業的、性別等のバランスを意識し、また、成人してからの生活に大きな影響を与えるのが学歴だと捉える立場から、日本での最終学歴別に焦点を当て選出することにした。

　調査対象者は、「初来日してからずっと日本で生活してきた者、および一時帰国後（短期、長期）日本において学業復帰または（再）就職している者」として、日本での最終学歴別に選出することとした。義務教育である中学校卒業後の進路から最終学歴に違いが生じると考え、次のように分類した。①中学校卒業後に就職する、②高校に進学するが、中退して就職する、③高校卒業後に就職する、④高等教育（大学、短大、専門学校）に進学するが、中退して就職する、⑤高等教育卒業後に就職する、という５パターンに分類した。高校、高等教育を中退後再度進学する人、海外に進学する人等の可能性も存在するが今回は対象外とし、卒業後または中退して就職した者に限定することにした。また、それぞれ最低３人の調査対象者がいれば何かが見えてくると感じてパターン別に最低３人を目標に探し始めた。表２に、この５パターンと調査対象者ＡからＰ（計16人）の分類をまとめている。

表2 調査対象者の分類

	最終学歴	調査対象者	面接人数
①	日本の中学校を卒業した者(中卒)	A、B、C	3人
②	日本の高校を中退した者(高校中退)	D、E、F	3人
③	日本の高校を卒業した者(高卒)	G、H、I	3人
④	日本の高等教育を中退した者(高等中退)	J、K	2人
⑤	日本の高等教育(専門学校)を卒業した者(専卒) 日本の高等教育(大学)を卒業した者(大卒)	L、M N、O、P	5人

出典：筆者作成

　高等中退（④）に関しては、期限内に３人目をみつけることができなかったため２人に留まっているが、高等教育卒業に当たる専卒と大卒（⑤）に関しては該当者が予想以上に存在したのでできるだけ多くの人に協力してもらうことにして５人という結果になった。

第2項　調査対象者のプロフィール

　本項では、表3を基に調査対象者16人のプロフィール（面接時点）を紹介する。

表3 調査対象者16人のプロフィール(面接時点)

	性別	年齢	在住県	来日年 来日年齢	来日 場所	国籍 帰化状況	帰国回数 年齢
A	男	23歳	埼玉県	1993年 3歳	愛知県	ペルー 希望なし	2回 6歳、15歳
B	男	26歳	栃木県	1992年 5歳	栃木県	ペルー 申請中	1回 14歳
C	女	30歳	三重県	1991年 7歳	栃木県	ペルー 希望	3回 14歳、16歳、22歳
D	男	29歳	神奈川県	1990年 5歳	埼玉県	二重国籍 来日後	— —
E	女	27歳	栃木県	1991年 5歳	栃木県	ペルー 検討中	4回 高校中退後
F	女	30歳	三重県	1991年 8歳	三重県	ペルー 検討中	1回 15歳
G	女	29歳	東京都	1990年 6歳	千葉県	二重国籍 28歳	1回 15歳
H	男	33歳	東京都	1993年 13歳	千葉県	二重国籍 25歳	10回 18歳、社会人後
I	女	34歳	沖縄県	1991年 12歳	千葉県	二重国籍 27歳	4回 18歳
J	女	28歳	兵庫県	1991年 6歳	兵庫県	ペルー 希望なし	4回 20歳、22歳、24歳、25歳
K	男	25歳	大阪府	1999年 11歳	大阪府	ペルー 来年申請予定	— —
L	男	31歳	千葉県	1991年 9歳	東京都	二重国籍 27歳	1回 18歳
M	女	20歳	神奈川県	1996年 4歳	神奈川県	ペルー 申請中	3回 14歳、高校時代
N	女	25歳	栃木県	1990年 2歳	栃木県	ペルー 希望なし	3回 6歳、11歳、19歳
O	男	30歳	神奈川県	1990年 7歳	神奈川県	二重国籍 7歳	2回 12歳、28歳
P	女	24歳	栃木県	1990年 0歳	栃木県	ペルー 希望なし	3回 11歳、高校以降

備考：「帰化状況」の年齢は帰化した年齢を意味する。
出典：面接を基に筆者作成

調査対象者には、なるべく多くの情報提供をしてもらえるように初対面での面接は避け、2回目以降に直接または電話等での面接を心がけた。面接は、2013年の9月下旬から11月下旬の間に実施し、A、B、C、E、F、H、M、N、OとPの調査対象者には直接面接を行い、D、G、I、J、KとLとは電話またはスカイプで協力をお願いした。インタビューは日本語で行なった。

　調査対象者の年齢は20歳から34歳の間で、男性7人、女性9人である。ちなみに、G、IとLはきょうだい（姉、弟、妹）であり、CとFは義姉妹である。来日年及び来日年齢は1990年から1999年までの間で、最年少が0歳、最年長が13歳であった。初来日場所（県）から移動しているのが7人、引き続き同じ県に在住している者が9人であった。また、帰国回数ではDとK以外が一度ペルーに帰国しており、ほとんどが義務教育期間内または高校生の年齢時に帰国している。学齢期で帰国した背景には親の事情等が含まれるが、成人してから帰国した者は自分の意志または仕事の都合上の短期または長期の帰国を経験していた。最後に調査対象者の国籍についてだが、帰化して日本国籍がある者が6人[1]、ペルー国籍である者が10人であったが、この10人の中で帰化を希望・検討または申請中の者が6人で、残りの4人は面接時点では帰化の意思がなかった。

　次に、表3に記載できなかった来日、帰化、帰国の内容について簡単に述べる。まず、来日に関連して、誰と来日したのか。両親または父親（離婚のため）と一緒に来日した者が4人（A、H、MとN）、母親（兄弟含む）と来日した者が9人（B、C、D、E、F、J、K、OとP）、親戚（兄弟含む）と来日した者が3人（G、IとL）であった。母親、親戚と来日した者たちは父親または両親が先に来日していてある一定の期間後、親と子が合流する形となった。また、日本で弟、妹が誕生した者もいて、家族の構成員が3人から6人という結果となった。

※1　日本国籍を取得した場合、日本の法律上、二重国籍は認められない。しかし、表3では、日本国籍を取得した6人の申告を尊重して「二重国籍」と記載している。

次に、帰化に関連して、どうして帰化した／しようとしているのか、または興味を示している／示していないのかに関してであるが、まず、帰化した理由として「子どもの時に親が手続きをした」と述べた者と「今後日本で生活をするから」、「（自分の）子ども、家族のことを考えて」、「（日本国籍の）利便性と必要性を考えて」と述べた者がいた。後者の中には既に帰化した者、帰化手続き中の者と今後帰化の意志がある者が含まれる。ちなみに、「利便性と必要性」とは、日本国籍の方が就職・留学等の可能性が広がるという意味合いがある。一方で、帰化に興味を示さない者は、「帰化手続きの煩わしさ」、「ペルー人としての想い」と「必要性を感じない」等の理由を挙げた。

　最後に、帰国に関連して、帰国期間及び理由について簡単に述べる。帰国期間は、最短が３日間で最長が３年弱であった。また、最も多かった滞在期間が１か月から３か月の間であった。帰国理由は「親族訪問」、「仕事」、「旅行」と「勉強」が述べられた。最短の滞在期間である３日間は仕事のためであり、３年弱は勉強に関係のある滞在期間であった。１か月から３か月の滞在期間は、親族訪問のためであった。ただし、親族訪問に関して調査対象者の証言からは計画的にされたものではなく、親の急な帰国に便乗した結果という印象が強く感じられた。

第2節 日本での生活が意味したこと

第1項　今の自分を振り返る

　第１節で調査対象者の選出方法とプロフィールをまとめた。かれらは、日本の学校に通い、そして今現在日本社会で生活をしている。かれらは、この20年という時間をどのように捉えて、感じているのかを面接を通して振り返ってもらった。全員に対して面接の最後に「どうして今の自分がいるのか」という質問をしてみた。この質問が意図しているのは、かれらがどうして今まで日

本で成長することができたのか、成長過程において何が影響をしたのかということである。この質問に辿り着くまでに来日後の私生活、学校での経験、進学に関する考え方、そして将来的なことについて質問している。それでは、アルファベット順に、来日してから現在までの自分についてかれらが語ったことを記載する。

　親ですかね。親がいなかったらペルーに行けなかったし、日本にも来られなかったですね。今やっていることもできなかったと思うし、サッカーもできなかった。親の支えというか一緒にいてくれたことが…何かをされたというわけでもないですけど。確かに何気なく一緒にいてくれたことで生活とかができた。もし中学校卒業して１人でペルーに行っていたら間違いなくサッカーとか勉強とかできなかった。逆にこっちにきて日本語とか自分の方ができるけどやっぱりいざという判断とかは親に相談して、そういう意味では親のおかげ。（Ａ）

　第一に親。親で、厳しいながらも日本のこの環境が確かにあるのだと思う。すごく負けず嫌いというのもあるし、何かあったら「何くそ」と思ってそれに向かっていったというのもあるけれど、日本で生活をしていくのは簡単なことではない。どこでもそうなのだろうけど。お金を稼いで、よくペルーの人たちは日本での生活は優雅な物だと考えたりするけど、あとは日本で楽な生活ができると思ったりする人もいると思うけど、どんな仕事もやっぱり大変だし、易しいだけの環境だけじゃなくて厳しい環境もある。親もそれに対して負けずに、「こうしなさい」とは一切言わなかった。仕事も「これにしなさい、こういう勉強をしなさい」と言うことも一切なくて、ひたすら親が頑張っていたことを俺はみている。（Ｂ）

　親と一緒に生きてきた時は本当に楽して生きてきたと思う。どれだけ物が

出てきて、楽してきたという感じ。それが親と離れて暮らすようになって自分で生活ができるようになるのに本当に苦労して、誰も助けてくれないし。でも親は、特にお母さんだけは助けてくれた。それで頑張って今に至る。本当に今まで楽して生きてきたとわかったよね。親と一緒にいた時は仕事も簡単にみつかったし、何の苦労もしなかった。（C）

　お母さんのおかげかな、俺は。お母さんのおかげと言ったら悪いかもしれないけど、お父さんと離婚をして、神奈川県に引っ越すことになって生活環境ががらりと変わった。だから離婚せずにそのまま埼玉に残っていたら何も変わらなかったのかもしれない。（D）

　私は運があるのだと思う。運があるのだと思うし、変な自信があるの。根拠のない自信というか、きっとうまくいくという風に思えるの。仕事もそうなの。今のところに就職するのも結構時間がかかった。1年くらいかな。時間をかけて、お母さんに次に就職するところは正社員になれるところに拘るから、自分がやりたい仕事じゃないと就かないからと伝えた。その間はもちろんお金がないからアルバイトをしていた。それで今の仕事をみつけたのね、1年もかからなかったと思う。でも運もあるし、周りにいる人みんなのおかげだと思う。（E）

　別に立派なことをしているわけでもないし、運がよかったのかな。あとは、みんなが助けてくれるし、友達とか。困った時によく面倒を見てくれる。仕事の上の人とかも優しいし、あとは努力もしたかな。（F）

　いろいろな経験をしたからですかね。あとは、私は自分で今まで頑張ってきたから。私は自分で頑張りました。全部自分で決めてきて、失敗したことも全部自分で責任を取っている。今の私がいるのはうちのお母さんが強いか

120

らじゃないですかね。そういうところを見て育ったから。インターネットの勉強を開始するにしても、始めるのに遅いことはないとお母さんが勧めてくれた。(G)

18歳で十二指腸潰瘍になったときにウェイン・ダイアー[2]っていう先生の本を読んで、思い切って会社を辞めて、家族と住んでいたのもやめて、1人暮らしをすることにしたのです。本から学んだことは、やりたいことをやればいいということ。…（中略）…　私が本に頼ってしまったのは親が頼りなかったからだと思います[3]。きっとこういうこと（迷った時に何をするべきなのかということ）は親から受けるのではないですか。どうやって生きるべきか。だいたい親にあのようにしなさいとかこのようにしなさいとかは教育されるのではないですか。(H)

いろいろな人の助けがあったから。…（中略）…　私は日本に感謝していることがいっぱいある。来た時から先生たちが特別に日本語を教えてくれたりしたことから感謝しているし、いつも誰かが心配してくれる人がいた。大人になって社会に出て外国人だから家が貸せないとか不動産で差別にあったけれど、みんなではないから日本が嫌いになったことがあまりないかな。差別がある社会が嫌だなと思って子どもを帰化させたけど、いいところもあるから完全に嫌いになるということはなかった。優しい人たちがいたから今の私がいるのだと思っている。(I)

それはたぶん変な話、学校もそうですし、仕事もそうですけどたぶんすご

※2　Wayne W. Dyer, PH.D., is an internationally renowned author and speaker in the field of self-development. （ウェイン・ダイアーホームページ：http://www.drwaynedyer.com/　最終閲覧日2014年1月8日）

※3　Hは同居していた父、兄との仲が良くなかった。高校生活の途中で父親だけが帰国してから保護者がいない状況で生活していた（母親は来日していない）。

121

く厳しかった環境だったから今の自分があるのだと思う。いじめに耐えて芯が強くなったというか。…（中略）…　今の自分がいるのはたぶん日本の文化も知っていて、ペルーの文化にも触れたから。まあ、日本の文化の方が長いですけどね。でも、そのおかげだし、結構厳しい先輩もいたおかげで今の自分がある。日本でも対応できるし、ペルーでも対応できる。（J）

　1つ目は、お母さんのおかげだと思うし、2つ目は俺が人に恵まれたのだと思う。いじめもなかったし、暴力事件はあったけれど、それも1つの人生経験だと思っているのでやっぱり人に恵まれていたと思っているかな。だから今の自分があるのだと思う。周りに恵まれていたと思う。この14年間を振り返ってみると自分は人に恵まれていたのだと思う。あとは、人生経験もいろいろあったから今の自分があるのだと思う。そういう恵まれた人たちを無駄にしたくないと思う。（K）

　私は母親のおかげだと思っていますね。高校の話に遡るけれど、俺は高校に行かないで仕事をしたかったが、母親はそういうものなのですかね、「勉強しなさい、せめて定時制に行きなさい」という感じでした。でも、その定時制に行ったおかげで今の仕事がすごく楽しいです。ロボットを作るのですが、その仕事が出来ているのがすごく良いなと思っています。だから母親のおかげになりますね。母親がそう言ってくれたから今の自分があるのだと思いますね。日本語に関しては特に苦労をした覚えはないですね。周りに恵まれていたのもあったと思うのですけど、自然に覚えたという感じですかね。今の自分は定時制であっても高校に行って電気関係のことに携われたことで今の自分がいる、母親がいてくれたからだと思います。母親は今でも専門学校のパソコン関係とか姉みたいに通訳とか国際関係の仕事をしてみたらと言うのですけど、私は今の生活に満足していますね。（L）

親かな。…（中略）…　専門学校は出て欲しいと言われて、専門学校に行って将来のことをいろいろと考え直して、留学したいと思っていろいろ調べて、実際にオーストラリアとかにも行ってテストとか受けたりして、援助もしてくれると言うから。自分で奨学金も借りたりしてそれで無理だったら無理でそれまでと思うけれど、でも両親がそういう風に自分の夢を応援してくれたから今の私があるのかなと思う。しっかりした考えになったというか、通訳とかそういうのでも小学校から頼られて、やることはやらなきゃいけないというのはずっと言われていたから、親のおかげだと思う。（M）

　出会ってきた人たちとやっぱり家族が1番大事かな。やっぱりどんな悪いことをしても最後まで唯一味方でいてくれた人が家族だし、あとはやっぱり出会いかな。大学に入ってゼミの先生とかと出会って、いろいろな意見を否定されなかったことが1番。やっぱり自分自身が否定されることが多かったけど、先生は否定しなくて…（中略）…　あとは運。昔から運だけはすごくよかった。（N）

　1番は両親の支えだと思う。…（中略）…　周りの同じような人たちは進学していないから、進学してもしなくてもよかったが、ただ自分がやりたいと言ったからやらしてくれたのだと思う。…（中略）…　あとは、ここ（地元）に日本語学級があったことかな。やっぱり日系人が多くて日本語学級があって、やっぱりついていけない教科の時に集まって日本語を勉強するというのが1番大きかったかな。日本語を覚えられたのもそれがあったからかな。日本語学級を作ることは結構外国人がいるということだから、周りの日本人は免疫がわりとあったのかな。だから住みやすくて馴染めたという理由でもあるかな。（O）

　やっぱり家族だと思いますね。（P）

ここまで、「どうして今の自分がいるのか。」という質問の下に16人に日本での生活を振り返ってもらった時の証言を簡単にまとめた。証言してくれた内容を整理すると、「家族、両親または片親」のおかげだと述べたのが11人（A、B、C、D、G、K、L、M、N、OとP）、「運があった」が2人（EとF）、そして1人ずつが「本」（H）、「出会い」（I）と「育った環境」（J）であった。調査対象者の中には1つ以上の理由を証言した人がいたが、基本的に最初に発言した理由を重視することにした。家族に関連した影響を受けた人が圧倒的に多く、それ以外の人は、家族がいながらも日本で育つ過程において接触した物、人または偶然の出来事に大きな影響を受けたのだと理解することができる。

第2項　家族の意義を考える

　まず、本項で取り上げる「家族」が何を／どこまで指しているのかを明白にしたい。日本で「家族」というと大抵は核家族を指すであろう。基本的に、両親とその子どもの2世代であるが、中には父方の祖父母を含める場合もある。一方、ペルーで「家族」という際には日本の核家族を基盤とし父方の祖父母、未婚[※4]のおじさんまたはおばさんも含まれ、ある種の拡大家族[※5]なのである。これ以外に、習慣として週末に父方または母方の祖父母の家に親戚等が集まることによって祖父母の家が一時的に拡大家族状態になる。拡大家族の中で育つ子どもはいつも誰かに監視され、教育され、コミュニケーションを取り、愛情を受け家族の大切さを学びながら育つと考えられる。これを裏付けるかのように山脇の論文「移民経験はどのように人生を変えるのか―日本での就労にともなう家族の変容」（2010）に記載されているラテンアメリカの人々に

[※4]　未婚の2親等の親類が同居するのがごく普通である。

[※5]　拡大家族とは核家族よりも大きく、一般的にいくつかの核家族から構成されているものである。（人口統計学辞書ホームページ：http://www.weblio.jp/content/% E6% 8B% A1% E5% A4% A7% E5% AE% B6% E6% 97% 8F　最終閲覧日2014年1月8日）

とっての家族の概念を抜粋してまとめると、親子間のコミュニケーションを重視し、家族が何よりも大切という価値観を持ち、家族を中心とした生活を送るということである。当然、親は日本でもこの家族の概念をごく当たり前の文化として捉え、子どもに伝承しようとするが、子どもは日本の学校等で日本人としての社会化の教育を受けることによって迷いが生じ、日本とペルーという2つの社会文化の中に立たされる。

また、調査対象者の来日してからのことを考えると、親子間のコミュニケーションは親がスペイン語、子が日本語という異なった言語になってしまっていたことによって断絶され、家族を中心とした生活も親の長時間労働、残業や休日出勤等によって、家族サービスが実現せず、親が持っていた家族の価値観が崩れた可能性が高いのである。更に言えば、出稼ぎ者がまだ少なかった時代に日本社会において親子間のスキンシップを取り、週末に必ず家族と過ごすという家族形態が維持することが難しかったいうことも考えられる。

第3項　どのような家族形態で成長したのか

ここで、改めて調査対象者の来日当初の実情を整理すると、「両親または父親（離婚のため）と一緒に来日した者」が4人（A、H、MとN）、「母親（兄弟含む）と来日した者」が9人（B、C、D、E、F、J、K、OとP）、「親戚（兄弟含む）と来日した者」が3人（G、IとL）であった。先に父親または両親が来日していた場合、数か月ないし1年も経過しない間に家族が一緒になっている。早い段階で家族が再統合されたことになり、家族全体に良い影響を与えたと考えられる。

調査対象者の中には親の兄弟、いとこたちも同時期に来日したと証言した人が6人いた。ただし、6人中、現在でも定期的に親戚付き合いがあるのは1人だけである。残りの5人は年に1回会うか会わないか、または引っ越したため会う機会を失っているのが現状であり15人が拡大家族という家族形

態を失い成長してきたと捉えられる。拡大家族は遠い思い出の1つであり、ペルー人としての社会化の一部が欠如してしまったのだと考えられる。唯一、現在でも拡大家族の家族形態を保つことができた調査対象者Bは引っ越しすることなく栃木県内に来日当初から在住し、いとこも他県にいる1人以外は10人が栃木県内にいる。そのおかげで、ペルーの習慣・文化を定期的に拡大家族の中で実施する機会が実現している。

　誰かの誕生日になればペルーみたいに親戚みんなが集まっている。いつもやっているし、今年の夏休みとかもペルーでやる女の子の15歳の誕生日とかもホールを借りてやった。だからもう普通にペルーの文化。（B）

　一方で、日本のペルー社会から無意識的・意識的に断絶してしまった家族もいて、調査対象者の成長過程でペルーに対して距離を感じてしまった場合もあった。

　親が勤めていた工場がバブル崩壊で倒産して、その工場で働いていた人が皆職を失くして、結構大きな工場で、本社が茨城か栃木にあってペルー人が皆そっちの方に引っ越したの。母親がそんな田舎に行きたくないということで私の家族だけがそこに残って、ペルー人が私の家族以外いなくて、だから（周りに）ペルー人がいなかったの。みんな茨城とか栃木に行ってしまったからペルー人の友達がいなかった。（I）

　ミニペルーというのがこっちの兵庫ではある。集まる度に俺はこれくらいのテレビを買ったとかという自慢話ばかりになって、あとは全部が噂話ばっかりで親としてはそういうのと付き合うのは影響があまり良くないということで全然ペルー人たちとの付き合いはなかったですね。（J）

第2章　日本で成長し大人になった若者たち

　調査対象者の中で拡大家族というペルーの社会化の一部の基盤を日本で築き上げることができた人は、日本の家庭内の生活が安定していてかれらの成長過程を支えたのだと考えられる。では、調査対象者または同世代の子どもたちの中で拡大家族を見出すことができなかった人はどうだったのだろうか。かれらは何を家族だと思い、どのような基盤を日本で築き上げることができたのだろうか。次のような事例がある。

　バレー部の部活が終わって学校の外人の友達に誘われて、お姉ちゃんはもうそのグループに入ったけど、お姉ちゃんの彼氏とかにも外人のサッカーをやっているグループに入らないかと言われて、それでサッカーの日系のグループに入った感じ。…（中略）…　生活がだいぶ変わってね。（D）

　日本に来てから父親とは仲が悪くなったので父親に頼りたくなくて、バイトをしだしました。バイトをしだすと今度はバイト仲間とみんな年上だったけど、本当に仲良くしてくれたね。やっぱり社会人になると違うと思うし、そうしたら自分の自信にも繋がるし、学校の中でも私が居酒屋でバイトしていると広まってちょっと悪いことをやっているみたいで不良の中でステータスが上がるわけで、ピアスは開けなかったけど髪を茶髪にしてちょっと不良っぽい、夏なのに冬服できたりとかちょっとした反抗、小さな反抗したりで別に人気者ではないけれどみんなと普通に話せる私かな。（H）

　最初は一緒（ペルー人）にバイトしていて、（相手から）「ペルー人なんだよね」と言われて、「あっ、私も」みたいな感じで、悪口をスペイン語で言ったりとかしていて、そこからかな。5人だけだけど。いつも集まって、1人はもうアメリカに帰ったから今4人だけど。たまに遊んだりしている。（M）

　高校からは近くの公園とかフットサル場で大会をやるようになって…前から

127

やっていたのかもしれないけれど俺が知らなかっただけで、そこに行ったりして、そこで初めて同じ日系の人たちと仲良くなったりして、それからすごくつるむようになって今度は日本人の人たちとは全然遊ばなくなって…（O）

　Dは、両親の離婚を経て引越しを経験する。引越し先の学校で、自分と同じ境遇の外国籍の生徒と遭遇するが、姉を通してその仲間入りが実現する。仲間入りすることによってD自身も証言しているが、生活が大きく変わったのである。Dの証言から変化したことを推測すると、学校でいじめを経験したこと、家庭内が不安定だったことがかれにとって大きな不満要素となり、同じ境遇の人たちと出会うことによって経験を分かち合い、理解しあえる仲間と出会い変化をもたらしたのであろう。Hは、日本で父親と兄と生活をしていたが、どちらとも不仲であった。高校生時代に早く独立したいがためにアルバイトを始めた。それがきっかけとなり、H自身を理解してくれる年上の人と出会い、また高校で不良を装うことによって地位を確立して仲間を築き上げた経緯がある。Mは、アルバイト先で同じ境遇のペルー人と出会って、仲間意識を非常に高めている。Mは、小さい頃にいじめを経験はしていたが家庭は安定していた。ただし、家庭内でのMは、スペイン語・日本語の両言語ができるということから何をするにも自分を中心に物事が進むという大黒柱的な立場に置かれていた。また、ペルー人だということを隠して生きていたMは、相手から「ペルー人」だと打ち明けられることでの安堵感を感じた。この出会いはMをある意味で救ってくれた出会いとなったのではないだろうか。最後にOは、いじめもなく、家庭内も安定していた。しかしながら、同じ境遇の人たちが周囲に多くいる環境に育ったにもかかわらずペルー人だということを隠していた。そのため、中学校頃までは日本人と接触していたが、高校時代にスポーツを通じてそれまで隠していた自分を出すことによって友達関係に変化がおこり、その後も日本人よりも同じ境遇のペルー人と交流することで、自分自身を確立することができている。

128

第2章　日本で成長し大人になった若者たち

　核家族及び拡大家族は、ある特定の人物または数人と接触することによっ
て絆を深め、信頼関係を築き成長と共に生活をしていく。しかしながら、調
査対象者の証言から抜粋した4人の事例で共通しているのは、成長過程の
途中で家族関係にない数人または数十人の集団との出会いを通して、信頼関
係を築きあげたことによってかれらの生活の基盤になったと考えられることで
ある。本当の家族関係ではないが、友達等がかれらにとっては家族同然の
存在だったのである。このようなある種の家族的な関係を山脇の定義を引用
して「想定家族」と捉えたい。

　次に、帰国経験のある調査対象者は家族をどのように考えていたのか。今
回、面接を実施した調査対象者の中でDとK以外は少なくとも1度はペルー
に帰国している。いくつかの事例を取り上げる。

　最初は日本に帰ってきたくないと思った。（ペルーに）行ったらいとこ連中
のことを知らないわけよ。5歳までの記憶しかないわけだから。帰ったら近
所の人とか覚えてくれていて、お帰りみたいな感じで家に来てくれたり、遊び
に来てくれたりとか遊びに連れて行ってもらったりとか。あとは町の感じとか
人柄とか活気に溢れている。日本みたいに隣に住んでいるけど全然顔も知ら
ないという現状ではなくて、すごくみんなが仲良しというのがあって、14歳な
りにいろいろ感じて帰りたくないと思った。（B）

　ペルーにいた時にペルーが好きになって、それまで8歳の時までの記憶し
かなくて、その時にいとことかいて、普通に学校に行っていて、みんな夢と
かが決まっていて、でも私はそういうのがなくて、私は残りたいと言ったけど
だめと言われて。（F）

　（ペルーの方が合うことが）性格的にもありましたし、慣れてからは住みや
すいというのもあったし、友達が日本以上にできたというのもあった。たぶ

129

ん日系の友達のおかげで楽しいと思えたし、たぶんこれだと思うけど初めて変な目で見られない、みんなと同じという居心地があったせいかもしれないです。はっきり言ったら。ペルーに戻って、顔がね、やっぱり日系の顔を全くしてないから。そういうのもあってペルーではみんな同じ顔しているじゃないですか。濃いところとか。私をペルーの中の1人と受入れてくれて別に差別とか特になく、それが居心地よかったというか。それからストレスが全くたまらなかった。呑気に暮らせるペルー。危ないけど呑気に暮らせるペルー。それでペルーの方が好きになってしまったのですよ。(J)

　帰る前は本当に帰ろうとは思わなかった。帰ってから家族の付き合いがすごいいいなと思ったからそれで(ペルーに)帰ろうと思っている。ここはもう本当一人で、ペルーに帰って、みんなといるからいとことか。それがすごくよかったから帰りたい。(O)

　調査対象者の中から4人の証言を取り上げた。Bは、ペルーでいとこたちと再会することによって家族の大切さを感じると共に、日本と異なる生活環境に対して好印象を持つきっかけとなった。Fは、帰国によっていとこたちと関わることによって家族という概念だけではなく、いとこたちに感化されて自分の将来について考えるきっかけとなったが、日本に戻るということで将来について何かが具体化することはなかった。Jは、外国籍、外見が違うという理由から学生時代ずっとと言っていいほどいじめを受けていた。帰国後、外見の違いに直面するが、違った対応を受けることによって仲間を築き、想定家族を構築し今後帰国の希望が強くある。Oは、父親が亡くなったという理由で帰国した際に家族の大切さを感じて、今後帰国の希望が強くある。
　最後に特殊な事例として、Lは専門学校卒業と同時に日本人女性と結婚して核家族を形成した。結婚生活の過程で妻は週末に家族で集まるというペルーの文化に馴染めなかった時期があり、L自身がその仲介役を担うことで

忘れかけた「家族」という繋がりを再認識すると共に妻に理解してもらうことで新たな形の基盤を構築することができた。

いくつかの事例を挙げたが、3つに分類しまとめる。1つ目は、日本でペルーの文化・習慣に沿った拡大家族を形成した者で本調査では1人(B)のみが該当した。2つ目は、成長過程の中で「転機」となる出会い等があり、日本で想定家族を形成した6人(D、E、G、H、K、MとO)である。3つ目は、ペルーに帰国という「転機」で拡大家族の再発見のみならず、独自の目標を見出した人、想定家族を構築した9人(A、B、C、F、I、J、L、N、OとP)である。BとOの証言から2つのグループに当てはまると判断したため2回記載している。帰国が学齢期、未成年の時でなければペルーに残りのその後の人生に変化を与えていたのかもしれない。この3つの分類に共通していることは日本またはペルーにおいて拡大家族または想定家族を発見して家族の基盤を確立している。血縁的または想定的な家族の基盤を確立することが成長する過程で重要な支えとなり、調査対象者の現状に大きな影響を与えたのだと考えられる。更に、家族と繋がっていることが面接対象者のルーツであるペルーを認識させる要因になったと考えられる。逆に、拡大または想定家族の(再)発見、接点がなかった人は家族の基盤を確立できなかった人

図1「家族」の発見とその影響

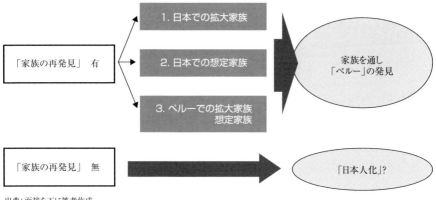

出典：面接を下に筆者作成

もいると予想される。このような人はペルー人としての社会化よりも日本人としての社会化の影響を大きく受けている可能性、またはルーツとの断絶危機にあると考えられる。ただし、今回の調査対象者にはいなかった。

　本節を締めくくるにあたり、調査対象者が証言した拡大家族の中で重要な役割を果たしたのは誰であったのか。本調査で、ほとんどの調査対象者が日系、非日系に関わらず「母親」だったと主張している。その理由として、勉強面での支援、進学への後押しをしてくれたこと、母親自身が熱心に日本語を勉強して調査対象者とコミュニケーションを取れるように努力したことが挙げられる。少なくとも今回の調査対象者にとっては母親が非常に重要な役割を果たしたと言える。

第３節　最終学歴が意味したこと

第１項　調査対象者の最終学歴とその経緯

　第１節で調査対象者に自分を振り返ってもらう際に「どうして今の自分がいるのか」という質問をした。その回答の中で最終学歴に触れた人はいなかった。ただし、勉強、日本語学級、進学、高校、専門学校、大学、正社員等の学歴・職歴に関する言葉を使用した人たちがいた。もちろん、著者が引用をさせたわけでもないし、事前に最終学歴別に選出していると意図的に話したわけでもない。そのため、調査対象者の中では自分らが日本で歩んだ学歴が今の自分に影響しているのだと少なからず感じている人がいたのだと解釈できる。

　ここで改めて調査対象者の最終学歴をまとめることにする。そして、その経緯についても簡単にまとめる。

　中学校卒業者のＡは、ペルーでサッカーを学びたかったため中学校終了後家族と共にペルーへ帰国する道を選んだ。Ｂは、高校入試の受験戦争に

表4 調査対象者の最終学歴

		中学校			通信制・夜間高校				大　学			
					普通高校				専門学校			
		1年	2年	3年	1年	2年	3年	4年	1年	2年	3年	4年
中学卒業	A											
	B											
	C											
高校中退	D											
	E											
	F											
高校卒業	G											
	H											
	I											
専門中退	J											
大学中退	K											
専門卒業	L											
	M											
大学卒業	N											
	O											
	P											

出典：面接を下に筆者作成

脱落し、中学校卒業後は職業訓練校※6の道を選んだ。Cは、一時期進学を考えるが、意欲がそれほど高くなかった上に当時の先生も強く進学を促したわけでもなく逆に仕事先を紹介されて、卒業後に就職した。Dは、母親と友達に説得されて進学はするが、家庭の経済的な支援を考えた結果、高校を中退して就職した。Eは、進学が当然視される環境にいたため進学はしたが、進学校のペースについて行けず中退する。Fは、親と先輩に勧められて進学はするが、妊娠したため中退した。Gは、母親の強い希望もあったが、高校卒業が絶対最低限だと感じて進学した。Hは、進学できれば日本に残る、進学できなければ帰国するという条件の下で高校受験に挑んだ。Iは、母親の強い希望と自身の勉強好きが重なって進学した。Jは、Eと同様に進学が

※6　職業訓練校とは栃木県産業技術専門校のことを指し、同校は職業能力促進法に基づき、産業界で活躍していく上で必要な専門知識や技能を習得するための職業訓練を実施している県立の職業能力開発校である。栃木県内には3校が設置され、宇都宮市では主に新規学卒者等を対象とした2年間の普通課程を実施していてBはここの高等コース及び本科に通学した。（同校総合案内のパンフレットより引用）

当然視される環境だったため高校に進学した。その後の専門学校進学はE の強みであった3か国語が活かせるから選んだ。中退した理由としては、経済的な問題で継続できなかったからである。Kは、母親の強い希望で高校、大学に進学した。しかしながら、母子家庭で経済的に厳しかったため中退を決断した。専門学校に進学したLは、母親の強い希望もあって高校に進学したが、Lが家庭の経済的な協力もしたいということから定時制に進学し、昼間は仕事を始めた。その後、定時制ではない学生生活を味わうために専門学校に進学した。Mは、自分を違う環境に置くために高校進学を決意し、将来の目標をみつけ専門学校に進学した。大学に進学したNは、就職したくなかったから高校進学を果たし、大学進学も同じ理由で入学している。Oは、勉強を継続したいという気持ちから高校進学した。大学へは勉強したい分野があったため、浪人したが進学した。Pは、進学する環境だったため高校へと進んだ。その後、高校時代に気づいた自分のバックグラウンド（ペルー）が活かせる大学へと進学した。

第2項　最終学歴に何が影響したのか

　調査対象者が進学または中退した理由を簡単に記載したが、実際に日本の学校で勉強するにあたって何が影響したのかを調査対象者の証言から整理することにする。16人の証言から日本語指導、母語教育、学校側の配慮、いじめ被害、日本人の友達、ペルー人の友達、そして進学等にあたって影響を与えた重要人物の項目に分類した。日本語指導は、小中学校時代における日本語教室だけでなく、教師または通訳から個人的に日本語を習った、学校外で近所の人から日本語を習ったことが含まれている。母語教育は、スペイン語を家庭内で勉強したかどうかである。親、兄弟とスペイン語で会話していたことは母語保持手段の1つであると考えられるが含めていない。学校の配慮には、高校進学にあたって学校側が何らかの対策（指導、情報提供等）

をしたかどうかが含まれる。いじめ被害は小中学校時代にいじめられた経験があるかどうかである。友達については、小中学校時代に日本人の友達がいたかどうか、ペルー人の友達がいたかどうかを聞いている。重要人物では、学校生活または進学時に支援してくれた人、影響を与えた人がいたかどうかを聞いている。

表5 勉強に影響を与えた項目

	中学校卒		高校中退		高校卒業		専門・大学中退		専門卒		大学卒	
	有	無	有	無	有	無	有	無	有	無	有	無
日本語指導	A,C	B	F	D,E	G,H,I		K	J	L,M		O	N,P
母語教育		A,B,C	F	D,E	H	G,I	J	K		L,M		N,O,P
学校側の配慮	A	B,C	F	D,E	H,I	G	K	J		L,M	O	N,P
いじめの被害	B	A,C	D	E,F	H,I	G	J	K	L,M			N,O,P
日本人の友達	A,B,C		D,E,F		G,H	I	J,K		L,M		N,O,P	
ペルー人の友達		A,B,C	F	D,E		G,H,I	K	J	M	L	O	N,P
重要人物	B	A,C	D,F	E	G,H,I			J,K	L,M		P	N,O

出典：面接を基に筆者作成

　最初に、ペルーに関連する項目である「母語教育」と「ペルー人の友達」について記載する。これを最初に取り上げる理由としては、「母国教育」は16人中13人、「ペルー人の友達」は16人中12人が「無」だったからである。母語教育は、ここではスペイン語を意味するが日本社会で生活する上で必要がないだろう。しかしながら、調査対象者が親とコミュニケーションを取る際、または親がいずれ帰国を考えていたのなら必要だったと考えられる。そこで、当時の日本での母語教育環境について簡単にまとめる。

　1990年代に来日したペルー人の子どもたちの教育は日本の学校への編入学という選択肢しかなかったのか。現在では、静岡県浜松市にペルー人児童生徒が多く在籍する南米系外国人学校ムンド・デ・アレグリア校（2003年創立、以下ムンド校）があり浜松市在住のペルー人児童生徒に日本の教育だけではない選択肢を与えている。では、来日当初どのような教育を受ける可能性があったのか。山脇（2005）はペルー人の子どもが受けられる教育

を5つに類型している。①日本の公立小・中学校にのみ通学する。②日本の小・中学校に通うほかに、ペルーの教育省から正式に認定されている通信教育で勉強する。③日本の学校に通わずスペイン語通信教育の教材・システムだけに頼りながら勉強する。④日本の学校に通わずに、毎日スペイン語学校に通う。⑤既述のいずれの教育システムからもドロップアウトしている。以上の5つの方法から考えると、①及び⑤は、来日時期に関係なく常に選択肢の1つであるため今回は除外する。②から④は可能であったのか。②及び③の通信教育には、ペルーの教育省から正式に認定されている制度が2つある。1つは在日ペルー人の相互扶助組織「Kyodai（キョダイ）」が運営しているPEAD（Programa de Educación a Distancia：通信教育プログラム）で1994年に創設された。もう1つが2002年に創設されたPEAD La Uniónで、ペルーにある日系校 La Union（ラ・ウニオン）校が運営している。後者は10年前くらいに創設されたことから残念ながら初期出稼ぎ者の選択肢にはなかった。前者は1994年創設でスペイン語または母語文化を学ぶ機会を子どもたちにもたらした可能性があると言える。次に、④の「毎日スペイン語学校に通う」についてだが、スペイン語学校と記載しているためペルー人学校ではなく、子どもへの母語保持教育及びスペイン語を学びたい人（ペルー人以外）も通っていたと推測できる。建木（2006）は、日系ペルー人の子どもたち向けに行われているスペイン語教育には、全日制、私塾と土曜教室の3つがあると述べている。全日制のペルー人学校はペルーの学校と同じ科目を学習する。私塾のほとんどは託児目的で始まったスペイン語教室である。私塾が誕生したニーズは、共働きの両親が安心して子どもたちを預けられる場所が必要で、さらにスペイン語も学べればというところからであった。そして、土曜教室は、月曜日から金曜日まで日本の学校に通学し、土曜日に子どもたちにスペイン語を学ばせたい、ラテンアメリカの文化に触れさせたいという親の希望に応える形で始まった。ただ、どの形態の教室であっても設立時期が曖昧だし、今現在も運営されているかは不明である。

第2章　日本で成長し大人になった若者たち

　以上のことを踏まえると来日当初の調査対象者の母語保持が親の協力、支援なしでは実現しなかったことが理解できる。F、HとJに関しては、親または自己努力によってスペイン語を維持し、バイリンガル能力を活かした仕事をしている／していた経験がある。

　次に、ペルー人の友達に関してだが、これは調査対象者の育った地域と年齢によって異なっている。小中学校に編入し、出稼ぎ者が多い地域、県に在住経験のある調査対象者はペルー人の友達がいた経験があった。一方で、表5に反映されていないが高校生以上になると活動範囲、活動内容が広がることによってペルー人との出会いがその後の友達関係に影響を与えた。

　表6は、小学校入学前に来日した人と小中学校期間に来日した人に分けて、最終学歴の分布をみたものである。一般に、学校入学前に来日した人は日本語の習得が早いと考えられる。一方で、小中学校期間に来日した人は日本語及び学習言語の習得に時間がかかり、そのことは後の進学にも影響を及ぼすと思われる。

　表6より、小学校入学前に来日した人は7人、小中学校期間に来日した人は9人であることが確認される。専門学校以上の学歴を持つ者は前者で3人、後者で2人である。このことを含め、前者と後者で大きな差はみられない。来日時期は最終学歴に直接的な影響を与えていないと言えよう。

　以上のことを踏まえて、表5を基にもう少し詳しくみていくことにする。ニューカマーの言語問題について太田は言語教育学者カミンズの理論を参考にしながら「社会生活言語」と「学習思考言語」に分類し、前者は習得に1年から2年、後者は5年から7年の期間を要すると述べている（志水・清水2001）。また、志水ら（2001）は国語や社会の教科にふんだんに使われる「歴史社会言語」の習得も困難であると述べている。これは、一般に小学校入

表6 来日時期による最終学歴の分布

来日時期	中学校卒	高校中退	高校卒業	専門大学中退	専門卒	大学卒
小学校入学前	A, B	D, E			M	N, P
小中学校期間	C	F	G, H, I	K, J	L	O

学前よりも小中学校期間中に来日した人に顕著に表れると言えるのではない
だろうか。それでも2つのグループ間で差はみられない。その要因は何だっ
たのか。次のようなことが考えられると推測する。

　1つ目は、既述しているが教育現場での対応の違いである。小学校入学前
に来日している子どもは先生たちからみて、日常会話に不自由しないことの方
が多かったであろう。すなわち、日本人と同様に扱われていたと考えられる。
Aに日本語指導があったのは、初来日が幼稚園の時でその後小学校1年生
から3年生まではペルーで教育を受け、再来日した際に日本語指導を受け
ていたという経緯がある。日本に残っていれば日本語指導を受けることはな
かったであろう。また、中学校入学後、小学校高学年の漢字が出来なかっ
たためふりがなを振ってもらっていたと証言している。小学校入学前に来日
した人で日本語指導を受けたのは7人中2人、小中学校期間に来日した人で
日本語指導を受けたのは9人中8人であった。Jは、日本語指導もなければ
学校側が小学校1年生から中学校2年生までいじめ被害への対策を立てな
かったことを考えると、学校側の受入れ態勢に問題があったと考えられる。

　逆に、中学1年生で来日したIと小学校6年生で来日したKは高校進学
にあたって学校側から支援を受けている。Iは当時千葉県に在住していて、
高校進学時に来日3年以内ということでN高校に面接と作文だけで入学す
ることができている。作文の書き方は1年間ずっと家庭教師をつけてもらっ
て勉強していた。Kは現在大阪府に在住していて、高校進学時に特別枠を
利用している。進学したH高校は外国人用に11人の特別枠を設けていて、
作文、英語と数学の試験を受けた。特に作文は中学校の先生たちが熱心に
指導してくれたとのことであった。

　2つ目は、日本人、ペルー人の交友関係の有無である。まず、IとJの友
達関係だが、どちらもいじめを受けていた時期は日本人の友達すらいなかっ
た時期がある。いじめが克服または収まってから日本人の友達ができたとい
うことから「有・無」に記載されている。小中学校期間に両方の友達がいる

と証言した人は16人中4人と少ない。大人になって活動範囲が広がったことによって両方の友達がいると答えた人は9人であった。Fは、来日して校区外の小学校に通っていたため親の会社が用意した送迎車で他の国籍の子どもと一緒に通学していた。小学校3年生から小学校5年生までの2年間が送迎生活だったため帰宅すれば日本人の友達ではなく、ペルー人やブラジル人の友達と遊んでいた。Kは、高校在学中に国際交流協会で出会った同世代のペルー人とその家族と今現在でも仲良くしている。付き合いだしてから友達関係が変わり、それまでの考え方にも変化をもたらした。Mも高校時代のアルバイト先で出会った同世代のペルー人とグループを作り、それまでの友達関係、考え方、心情に変化があった。最後にOは、高校入学時に日系ペルー人と付き合い始める。F、K、MとOは友達関係が日本人からペルー人へと広がるなかで考え方、心情に変化をもたらした。これは、かれらのアイデンティティに変化があったのではないのかと考えられる。

　3つ目は、学校生活・進学時に調査対象者にとって重要人物がいたかどうかである。小学校入学前に来日した人では7人中4人、小中学校期間に来日した人では9人中7人が重要人物と出会っている。小学校入学前に来日したPは、高校時代にALTの先生との出会いによって失いかけていたルーツを再発見し、大学進学を決める1つの要因となった。次に、中学校2年生の時に父親と来日しているHは、父親と兄とは不仲で、ペルーにいる母親と手紙のやり取りをするくらいで日本では家族から孤立していた。父親は、Hの教育に無関心で学校に係る費用も出費しなかったため、Hは高校進学後から居酒屋でアルバイトを始めた。高校2年生の時に父親はペルーに帰国し、Hは一人暮らしを始めた。居酒屋のアルバイト代だけで家賃代、生活費、学費などを賄わなければならなかった。途中から支払いが困難になったが大家さんの特別な配慮があり、Hは高校卒業ができた。親切な大家さんでなければ警察沙汰になり、Hは帰国しなければならなかったのかもしれない。ちなみに、高校の学費も滞納していたため卒業証書は卒業後学費を全額返済

してから授与することができたという。Hにとって、大家さんの埋解と支援が高校卒業に大きく影響している。

16人の証言を基に最終学歴に影響を与えた要因を取り上げて、小学校入学前に来日した人と小中学校期間に来日した人に分類することで、その違いを3つにまとめてみた。この3つの要因は16人が成長し、最終学歴に大きく影響したのであろうと推測できる。

最後に、最終学歴別に現在の雇用形態を記して、簡潔に説明する。表7を参照されたい。

一般的に、学歴があれば正規雇用として仕事ができると想像するが、16人の面接当時の雇用形態をみると非正規雇用が8人、正規雇用が8人と半分ずつであった。大学卒業者であるNとPの場合、Nは大学院に進学しているためアルバイトであったが、2014年4月には正規雇用として就職の予定であった。Pは、自分が希望する就職先を慎重に探しているため時間がかかっているがいずれは正規雇用となるだろうと推測できる。

表7 最終学歴別の雇用形態

	雇用形態	
	非正規	正　規
中学校卒業	B,C	A
高校中退	D,F	E
高校卒業	G,I	H
高等教育中退		J,K
専門学校卒業		L,M
大学卒業	N,P	O

注意：非正規雇用には厚生労働省が定める有期、
　　　パート・派遣労働の職を分類している。
出典：面接を下に筆者作成

では、学歴が低い人（AとH）または中退してしまった人（E、JとK）がどうして正規雇用になれたのか。Aは、派遣社員として入社し、3年間継続することによって正社員となった。但し、今後継続の意思は低く日本語とスペイン語がいかせる仕事を模索している。Hは、自己の向上心、学校側の配慮が大きく影響して現在会社で営業課長という地位を確立している。Eは、高校中退後、大検[7]を取りかつ現在でも通信制大学で地理学を勉強している。また、正規雇用に至った経緯とし

※7　大学入学資格検定の略。2005年から高等学校卒業程度認定試験となった。

て日本語とスペイン語の言語能力が認められたことがある。Jは、非正規雇用を多数経験しているが、仕事上の経験が認められて現在では医療系事務の正規職員として働いている。Kも工場での非正規雇用を何度か経験して、現在の会社に認められて正規雇用として雇われている。以上のことを踏まえると、学歴が低い人または中退してしまった人が正規雇用になるためには、根気強く同じ仕事を継続するか、雇用主側に人物像・能力を認めてもらえるかどうかが重要になってくる。

第4節　帰国希望の有無

　最後に、日本で成長した調査対象者16人が今後どのような将来設計を考えているのかを簡潔に記載する。かれらはペルーで生まれ、成長に伴って親に同行して来日を果たしている。その中で、親世代は日本での生活によくも悪くも慣れる一方で、いずれは帰国を希望する人が多いであろう。では、親世代の人とは異なり日本で文字通り成長して、仕事を始め、中には新たな家族を築き上げている16人はどう思っているのか。面接の中で「帰国したいかどうか」という質問をした結果を以下に記す。

　「帰国したいか」という質問に対して「はい」が7人、「いいえ」が9人であった。「はい」の理由として、「今すぐにじゃなくてもいずれ機会があれば」が2人、「日本でずっと育ってきたためちゃんとペルーに向き合ったことがないから」が4人、「ずっと日本に住んだけれど日本に慣れないから」が1人であった。以上の回答から見えてくることは、帰国を条件付きのものと考えている人がいる一方で、日本で生活してきたためペルーのことをよく知らない、親戚のことをよく知らない等のことから帰国して、自分なりに向き合いたいと考える人もいる。ただし、この4人は向き合った後にどのような答えを出し日本、ペルーまたは第3国のいずれを選ぶかはかれらにしかわからない。一方、「日本に慣れない」からと回答した1人は、強い帰国願望があると推測できる。

141

表8 帰国希望の有無

は　い		7
	機会があれば	2
	向き合いたい	4
	日本に慣れない	1
いいえ		9
	仕事がない	2
	ペルー人のために	3
	日本への慣れ	2
	旅行	2

出典：面接を基に筆者作成

この背景には日本での成長過程において苦い思い出等があったためだと考えられる。

逆に、「いいえ」の理由としては、「帰国しても仕事をみつけることができない」が2人、「自分が日本にいることでペルー（人）のためになるから」が3人、「日本に慣れてしまったから」が2人、そして、「旅行でなら行きたい」が2人という結果であった。

以上の回答から、日本で生活基盤を築いたかれらにとって、帰国したい気持ちがあってもペルーでの新たな生活に挑む自信がないように見受けられる。もちろん、生活の経験がない国で何か新しいことを始めるのは非常に困難であることから共感はできる。一方で、ある意味使命感とも捉えることができるのが「自分が日本にいることでペルー（人）のためになるから」と証言した人たちである。かれらは、ペルーに戻るのが困難だと認める状況のなかで自分のルーツを切り離すことができず、遠い日本にいながら母国のためにできることを模索して、実行している人たちである。そして、最後に、「日本に慣れてしまったから」と証言した人は帰国の意志が低いと考えられる。もちろん、人生の半分以上を日本で生活してきたかれらにとって日本の生活に慣れてしまうのはごく当たり前のことである。また、小さい頃に来日したかれらにとって母国のペルーが未知数でありながらも家庭環境から常に身近に感じて成長している。そのため、興味関心はあり、「旅行でなら行きたい」という風に証言しているとも考えられる。

以上のことから、親世代とは違い、出稼ぎに伴って来日した子どもたちは成長する過程において日本の生活に慣れ、日本での将来設計を考えているのである。但し、その考えにも自分のルーツを気にしていることが伺えるため、

非常に迷う立場にいるのだと感じられる。

おわりに

　調査対象者16人は、自分の意志ではなく親の出稼ぎに伴って来日を果たしている。そのため、最初は日本での生活に慣れなくても順応していかなければならなかった。その過程で、様々な経験をして成長してきたのである。本論文では、調査対象者16人に現在から昔を振り返ってもらってどのような人生を歩んできて、今後をどのように考えているのかをまとめたものである。

　かれらの証言の中で、日本で成長する上で1番影響を与えたのは家族の存在であった。但し、一括りに家族と言っても各事例によって拡大家族と仲間意識から誕生する想定家族が挙げられたのである。このような基盤を築き上げることができた人は、ペルーで大事だと考えられる家族の価値観を見出すと共に、自分の中でのペルー人の社会化を少しでも発見することができている。一方で、今回の調査対象者にはいなかったが、このような発見が出来なかった人は日本社会に溶け込んで日本人としての社会化の影響を強く受けているのではないのかと考えられる。

　調査対象者を選出する際に、最終学歴を判断基準にした。その中で、進学及び最終学歴に影響を与えた要因がいくつか実在した。小中学校期間における日本語指導、学校側の配慮の有無、交友関係の実情や進学等の大事な時期に支援、協力してくれる重要人物がいたかどうかが影響を与えた要因として挙がった。また、ペルー人であるが故にスペイン語を保持することができたのかどうかもその後の人生に影響している。但し、当時のスペイン語を勉強できる環境が生活地域周辺になく、親の努力次第にかかっていたのである。調査時点の雇用形態に関しては、最終学歴も関係あったが、個人の努力やどれだけ能力を認めてもらうかによって大きく正規・非正規に違いがあった。

　最後に、今後どのような将来設計を考えているのかについてだが、ペルー

に対する想いが多様でありながらも今後日本での生活を希望する人が半分以上であった。ペルーという国、そして親戚等と向き合いたいと思いながらも人生の半分以上を日本で生活しているため、親世代よりも日本に慣れてしまっているのが現状である。

　面接を通してかれらが振り返った日本での人生は、多様な家族形態の基盤の下で支えられていたのだと解釈できる。その基盤に個人差があってもペルーというルーツを残して成長してきて、今後そのルーツに向き合おうとしている人もいる。世界がグローバル化する中でこのように 2 つの国、文化、言語に向き合おうとする出稼ぎ移民の第 2 世代は多様な可能性を秘めているのではないのかと考える。

参考文献

（日本語）
・共同通信ペルー特別取材班（1997）『ペルー日本大使公邸人質事件』共同通信社
・坂本文子（2013）「高校へ進学できた外国人生徒たち‐外国人生徒の高校進学過程の分析‐」『理論と動態』第 5 号、93‐112 頁。
・財団法人入管協会（1987 ～ 2012）『在留外国人統計』財団法人入管協会。
・志水宏吉・清水睦美（2001）『ニューカマーと教育〜学校文化とエスニシティの葛藤をめぐって』明石書店。
・田島久歳・山脇千賀子（2003）「デカセギ現象の 20 年をふりかえる‐その特徴と研究動向‐」『ラテンアメリカ・カリブ研究』第 10 号、1‐10 頁。
・建木千佳（2006）『日系ペルー人の子供たちと言語継承』小出記念日本語教育研究会
・朴三石（2008）『外国人学校　インターナショナル・スクールから民族学校まで』　中公新書
・柳田利夫（2010）「在日日系ペルー人の移動と定住」『ラテンアメリカ時報』No.1392　2010 年秋号、13‐20 頁。
・山脇千賀子（2000）「ペルーにおける日系児童生徒の再適応状況‐保護者とのインタビューを中心に」村田翼夫『在日経験ブラジル人・ペルー人帰国児童生徒の適応状況‐異文化間教育の視点による分析‐』筑波大学、97‐112 頁。
・山脇千賀子（2005）「5 章‐日本の学校とエスニック学校　はざまにおかれた子どもたち」宮島喬／太田晴雄（編）『外国人の子どもと日本の教育〜不就学問題と多文化共生の課題』東京大学出版会、97‐115 頁。
・山脇千賀子（2010）「2．移民経験はどのように人生を変えるのか‐日本での就労にともなう家族の変容」宮島喬『滞日外国人における家族危機と子どもの社会化に及ぼすその影響の社会学的研究』法政大学、31‐43 頁。

144

（スペイン語）

・YAMAWAKI Chikako（2003）"El "problema de la educación" desde el punto de vista de los migrantes: Las experiencias de los peruanos en Japón"（Mutuso YAMADA "Emigración Latinoamericana: Comparación Interregional entre América del Norte, Europa y Japón" The Japan Center for Area Studies（JCAS）, página 455 - 472）

（ホームページ）

・ウェイン・ダイアーホームページ:http://www.drwaynedyer.com/（最終閲覧日2014年1月8日）

・統計学辞書ホームページ:http://www.weblio.jp/content/%E6%8B%A1%E5%A4%A7%E5%AE%B6%E6%97%8F（最終閲覧日2014年1月8日）

・法務省ホームページ：http://www.moj.go.jp/housei/toukei/toukei_ichiran_touroku.html（最終閲覧日2014年1月8日）

コラム 4 | Asociacion Academia de Cultura Japonesa-ACJ リマ日本人学校

ACJ（Asociación Academia de Cultura Japonesa）リマ日本人学校はペルーに在留している日本人子女の為に、日本国内の小学校及び中学校と同等の内容の教育を行うことを目的としている。以下、HPより「学校紹介」の一部を紹介する。

1964年にブラント協会として、日本人の自宅にて学習会を開始し、1969年に「リマ日本語講習会」としてペルー国リマ市にリマ日本人学校が開設され、それを契機に学校運営委員会とPTAが発足された。しかし、日本からの進出企業・団体・当国にある機関などに勤務する日本人駐在者の子女教育のために設立された日本人学校が、ペルー国文部省の学校教育法規のもとでは、外国人学校としての法的地位を認められることは不可能な状況にあった。

そこで、日本人関係者を会員とする社団法人「日本文化協会（Asociacion Academia de Cultura Japonesa）」が設立され、その文化事業活動の主目的である日本語教育を行うための学園という形で、1971年6月、当国文化庁（Instituto Nacional de Cultura）の認可を得た。

ACJ は、教育を受けるものにできるだけ日本国内の小学校、中学校と同等の内容の教育を行うことを主たる目的としている。従って、当学校は、日本語で教育を行い、教育課程等の教育内容については、日本国の学校教育法等の教育諸法令の定めるところに準ずるものである。

以上の設立の経緯を踏まえ、その目的に沿って ACJ の教育を推進するために、日本文化協会内に「リマ日本人学校運営委員会」を置き、定例総会において、会員の中から選出された8名の委員、1名の監事で構成される委員会によって学校運営がなされている

http://www.acjlima.edu.pe/01_intro/index.html#pageLink07。

現在リマ市のスルコ区に位置する ACJ はペルーに在留している日本人子女の為に存在し、帰国した出稼ぎの保護者を持つ児童生徒はあまり通わない。2007 年に 1 人いたが、中学生課程までしかないため、その生徒は日系人学校に編入した。しかし、ACJ は日系社会の中心である日秘文化会館、リマの日系人学校と交流があり、お互いの学校行事に参加している。

コラム 5　ペルーの学校での採点方法と成績表

　ペルーの学年度は、3 月から 12 月までで学校によって 2 学期制または 3 学期制をとっている。各学期末には日本同様テストがある。各教科のテストは 20 点満点で採点され、10 点以上が合格点となる。採点方法は、問題数が多いので 1 問の配点は低く、正解なら✓をつけ、不正解なら×となる。

　また、各学期末に成績表を受取り自分の評価を確認する。成績表について数学の場合を事例に見ていく。ちなみに、これは中学校の場合で、2005 年より小学校の場合は多少異なっている※1。

| 教　科 | 評価領域 | 学　期 | | | | 最終評価 | 再　試 |
		1	2	3	4		
数　学	読解力	13					
	伝達能力	12					
	解決能力	13					
	学習意欲	14					
	評　価	13	12	12	12	12	

　各教科には評価領域があり、各領域は 20 点満点（00-10、11-13、14-17、18-20 の 4 段階）で評価される。各学期の評価は、評価領域の平均点（13+12+13+14）÷4＝13 で、最終評価は各学期の評価の平均点

1　ペルーの官報紙「La Republica」http://www.larepublica.pe/17-04-2005/fijan-nuevo-sistema-para-la-calificacion-de-los-escolares　最終閲覧日 2014 年 10 月 12 日

（13+12+12+12）÷4＝12 となる。平均点は四捨五入され、整数となる。領域または各学期のどこかで不合格点をとっても最終評価が合格点以上であればその教科を落とすことはない。逆の場合には、再試または補講を学年末に受け、進級できるかどうかが判断される。

　小学校の場合、同様に評価領域はあるが、最終的な評価は量的ではなく、質的で AD（秀）、A（優）、B（可）、C（不可）となり、量的評価の 20-18、17-14、13-11、10-00 に該当する。また、各領域は（＋）、（－）で評価される。

　最終的な評価で進級か落第が適用される。中学校で 4 教科が不合格の場合、夏休み中に再試を受け最低 2 教科の合格をしないと落第する一方で、小学校では 2 年生から 6 年生までの児童が日本の算数及び国語に該当する教科で評価 C を取れば落第する。

　評価に対して厳しい環境で育った子どもや親が日本の教育方針に戸惑うのは仕方ないのかもしれない。

第2章　日本で成長し大人になった若者たち

第3章　ペルーと日本を行き来するこどもたち
―日系人児童生徒の二重準拠枠の構築を視野に入れて

第1節　問題意識と理論的枠組み

　本論文は、宇都宮大学が2004年から進めてきた研究プロジェクトの成果に基づいている。このプロジェクトチームが2005年に栃木県で行った調査の結果によると、外国人児童生徒の66.8%が南米出身者であることがわかった。栃木県の児童生徒の41.5%がブラジル出身者であり、25.3%がペルー出身者である。

　田巻と坂本（2006）は、南米系児童生徒の保護者からのアンケート調査の回答結果を踏まえ、日本に滞在し続けるか、それともペルーに帰国するかどうかに関する保護者の将来設計の不確かさが、日本の学校におけるペルー人児童生徒の学業成績に悪影響を与えているということを見いだした。60%以上の出稼ぎ労働者が10年以上日本に住み続け、かれらの多くが日本に来てから一度もペルーに帰国していないという事実があるにもかかわらず、半数以上のペルー人の保護者は、ペルーに帰国する可能性があると述べている。このうち、43.7%の親はペルーに帰国することはまだ決めていないと述べ、12.6%の親はペルーに帰国する明白な意思があると述べた。かれらが行いたいと思っていることと実際に行っていることとの間に矛盾が生じていることは明らかである。

　子どもにペルーの母語であるスペイン語の教育を受けさせたいかと聞いた際には、回答者の54.4%が「はい」と回答した。この背景にある理由は、かれらの子どもたちがペルーに帰国した場合に、スペイン語を学んでいれば、学習に関する問題に直面することなくペルーの学校に入学することができると思われるからである。ペルー人の間によく見られる将来計画に対しての不確かな感情は、日本にいるペルー人の子どもだけではなく、ペルーに帰国し

第3章　ペルーと日本を行き来する子どもたち－日系人児童生徒の二重準拠枠の構築を視野に入れて

た子どもにも影響を与えている。なぜならば、日本に再度戻ってくる機会はまだ残されており、それは、一時的な不況に耐えるための最も有効な生活戦略と考えられているからである。この調査の主な目的は、日本からペルーに帰国した日系[※1]人児童生徒の教育環境と学業成績について把握することであった。

　この論文が直接依拠する調査は、2008年3月～4月と2009年8月～9月にかけて、ペルーの中でも日系人口が集中しており、それゆえ日本からの帰国児童生徒が多いいくつかの都市において2年連続で行われた。

　日本にいるペルー人の多くが、日本人を祖先に持つ日系の人々である。これは1989年に制定された日本の新たな入国管理法が日系人が日本において他の日本人と同じ条件下で働くことを認める在留資格を事実上制定した結果である。しかしながら、なかには一定期間日本で働いた後に家族とともにペルーに帰国した非日系のペルー人もいる。かれらのなかには、子どもがすでに獲得していた日本語能力を維持し、日本に同じく住んでいたことのある子どもたちと経験を引き続き共有するために、子どもを日系人学校や日系スポーツ施設に通わせることに決めた人々もいた。

　2008年9月のリーマンショックの開始とその日本経済への影響が原因となって、産業部門における外国人労働者の労働需要は次第に少なくなっていった。その結果として、南米系労働者の母国への大規模な帰国が引き起こると予想された。日本政府は厚生労働省を通して、2009年度に渡航費に対する経済支援を通して、南米系労働者の帰国を支援する事業を実施した。この事業の結果をみると、この事業の経済効果は非常に限られていたことが分かる。1万2千人の外国人家族だけがこの事業を利用して帰国した。このうち92.5%はブラジル人であり、4.2%がペルー人であった[※2]。これは、日本に住むペルー人の1.1%だけがこの金銭的な支援に関心があったことを示している[※3]。

※1　日系という語は、本来、海外在住の日本人移民のことを指すが、本論文では、かれらの子孫や非日系の祖先を持つ配偶者のことも含んでいる。

本来、本論文の基礎となっている2つの調査は、ペルーに帰国した子ども
たちの家庭と学校の環境を把握することを目的としていた。また、この家庭
と学校の2つの領域の環境が母国での子どもたちの学業成績や学校への適
応・非適応過程にどのように影響を与えているかについての把握も目的として
いた。しかしながら、インタビューを通じた考察によって、帰国したペルー人
児童生徒たちの間で二重準拠枠（Dual Frame of Reference :DFR）が存在
することが確認された。本章では、ペルーに帰国した児童生徒の日本とペルー
での生活全般と学校生活に対する意識と評価を主に紹介するとともに、それ
を二重準拠枠の観点から位置づけ整理する。

　Suarez-Orozco（1989）によると、「移住は、多くの移住者に次々と明らか
になる人生の諸問題に対する二重の見方を提供するものである。目の前にあ
る現実の諸問題を理解しようとするとき、かれらは母国と今住んでいる社会
という2つの社会的文脈の中にそれらの問題を位置づけて比較しながら理
解しようとする」。DFRは、特にアメリカに渡った中米の移民とメキシコ人移
民が移住先での厳しい生活に耐えていくことを説明する要因として用いられて
きた（Gallimore 他 1999、Reese 2001）。かれらの研究上での発見は、移
民の子どもたちの学業成績にも光を当てた。移民の職場での態度を説明する
概念として DFR を用いる研究の潮流もある（Waldinger、Lichter 2003）。

※2 日本の入国管理局の統計によると、2008年には約31万人以上のブラジル人、約6万人
のペルー人が日本に居住していた。この中で0歳から14歳までの子どもは、ブラジル人が約5
万人、ペルー人が約1万人である。19歳まで年齢の幅を広げた場合、ブラジル人は約7万人、
ペルー人は約1万4千人にのぼる。おおまかに言うと、日本におけるブラジル人の人口はペルー
人の人口の5倍に相当する。

※3 主にスペイン語を母語とする出稼ぎ労働者の雇用に関して詳しい弁護士のマツモト　アル
ベルト氏によれば、2009年から2010年の初めまでに帰国したブラジル人は在留ブラジル人全
体の約20%を占めた。一方、帰国したペルー人が在留ペルー人全体に占める割合は2%であった。
http://www.jadesas.or.jp/consulta/03seminar.html（2010年2月3日閲覧）

152

移民には最底辺の仕事に就いているとの汚名が着せられるが、かれらはDFRを用いながら、母国や帰国した場合の基準を思い浮かべることで、「今ここにいる状況」の意味を理解しようとする。

最後に、Perreira他（2010）の研究は、アメリカ南東部にいるラテンアメリカの若者の間にはDFRが欠如していることと、そのことがかれらの適応と学習到達へ悪影響を与えていることを問題にしていた。移民第2世代のラテンアメリカ系の若者は、アメリカにいる間は「母国」の記憶を呼び起こすことができない。彼らは何が「故郷」であるべきかがよくわからず、それゆえにDFRがかれらの間では働かないのである。

第2節　日秘移住小史

この調査結果の内容を述べる前に、19世紀の終わりごろから始まった日本から南米諸国への移住と反対に1980年代後半から始まった南米諸国から日本への移住を推進した原動力について簡潔な説明をしておきたい。時期は100年ほど異なるが、この双方の移住には「プッシュ」（push）要因と「プル」（Pull）要因が同時に太平洋の両側から作用したものであった。これらのプッシュ要因とプル要因は、日本とラテンアメリカで実施された構造改革が両方の国家に与えた影響の結果であった。それはまた、制度的・法的枠組みの制定によってもたらされたものであった。

2-1 日本からラテンアメリカへの移住

19世紀後半の間に近代化の波が世界各地にたちまち広がり、いくつかの社会的、政治的、経済的な変化がもたらされた。日本においては、明治維新（1868年）が確実に医学の進歩と公共医療サービスの向上に影響を与えた。それゆえ人口増加が起こった。明治時代を通してもたらされた変化には、農地改革が含まれていたが、その目的とは裏腹に人口の増

加に加えて結局土地を持たない農民を大量に生み出すことになり、日本では失業者数が増幅した。

ペルーでは、近代化に向けての別の構造改革が行われた。例えば、奴隷制度の廃止（1854年）やクーリー（苦力）の取引の禁止および最終的な廃止（1874年）などである。この時期に、ペルーは鳥糞の肥料、綿、砂糖、天然ゴム、金属、鉱物などの農産物の供給者として世界経済への参加を始めた。これによって、主にサトウキビ畑での労働者への労働需要の増加がもたらされた。日本からペルーへの契約移民としての移住は、アメリカで留学生として学んでいた当時金融業界または政治業界に影響があるアウグスト・B・レギアと日本人企業家の田中卓吉が友好的な関係を構築していたことに大きく起因している。当時レギアはブリティッシュ・シュガー・カンパニー (British Sugar Company) の総括マネージャーであり、数年後ペルーの大統領になった。

2-2 ラテンアメリカから日本への移住

ペルーへ日本人が移住してから1世紀後に、日本ではプル要因が働く一方でペルーではプッシュ要因が働くというように状況は逆に作用した。1980年代にほとんどのラテンアメリカ諸国の一人当たりのGDPの急激な減少が見られた。1990年代は回復を目指した時代であった。しかし、経済成長は新自由主義のモデルを採用したことによってもたらされたものであり、この移行はペルーにおいてただでさえ激しいテロとゲリラの行動を悪化させた。さらに、日系人の大統領が政治の舞台に現れたから1930年代と1940年代に高まった反日感情という苦い記憶が呼び戻された。

これらのプッシュ要因は、基本的に日本の製造業部門における5Kの仕事ゆえに増加した労働需要というプル要因に対応する相手を見つけた。5Kはきつい、危険、汚い、暗い、臭い仕事のことである。しかし

154

第3章　ペルーと日本を行き来する子どもたち－日系人児童生徒の二重準拠枠の構築を視野に入れて

ながら、日系ペルー人や他の日系南米人の流入は、プッシュ要因とプル要因に加えて、1989年に新しい入国管理法が制定され、日本人の祖先であることが証明されるだけでビザを許可する法的枠組みが作られなければ起きなかったことであった。

2-3 日系ペルー人の移住のそれぞれの段階

　日系ペルー人の移住はいくつかの段階を経てきている。Mori（2002）は次のように移住のパターンを分類した。第一の段階は1985年から1989年までで「隠れた出稼ぎ移住」と呼ばれた。この移民は多くの日系一世の独身男女と日系人の親を持つ少数の二世によって構成された。第二の段階は、1990年代の前半におよぶ「出稼ぎ現象のピーク」の時代に相当している。この期間、日系ペルー人の独身男性と独身女性は労働需要のある産業部門で働くために日本に渡った。現在の日本に住むペルー人人口の半分以上に到達するまでには5年しかかからなかった。第三の段階は、1990年代の後半から2001年までで、家族再統合を主な特徴とする「連鎖移住」と呼ばれた。母親たちと一緒に来たペルー人の子どもたちもいれば、自分たちだけで来て親と一緒になる子どもたちもいた。日本で生まれたペルー人移民の子どもたちの数も拡大した。最後に第四の段階は、2002年から現在までの「自立的な移住」と呼ばれる。この時代の主な特徴は、ゆっくりと減速した一定の増加である。

　2008年現在、0歳から14歳までの子どもは、親と一緒に来たかあるいは主に第三段階のはじめから日本で生まれた子どもたちであり、合計で11,598人である。19歳まで年齢幅を拡大すると、その合計は14,573人におよぶ。

2-4 日系ペルー人の特徴

　ブラジル人の数がペルー人よりはるかに多いことに影響を受けて、ブ

ラジル人を対象とする研究は多く、ペルー人に関する研究は少ない。また、ブラジル人に関する研究成果を踏まえて、同じ南米人であるペルー人の性格や特徴が推測されることが少なくない。

　共通点があるようにみえるにも関わらず、ブラジル人とペルー人の間にはいくつかの明白な相違点がある。その相違点を理解することは、それぞれのグループの家族、教育、将来の見通しに対する分析を行う際にきわめて重要になる。例えば、ブラジル人は日本の国内をペルー人よりもより多く移動する（田巻、坂本 2006）。その理由は、ブラジル人は、ペルー人よりも、給料の高い仕事を探す傾向が強いからである。また、ブラジル人は、ペルー人に比べて、母国と日本の経済の変化により敏感だと思われる。この事実は、ブラジル人の移住には明らかな移住パターンがあるということを示唆しているのかもしれない。ブラジル人は、母国と日本において期待される利益に絶えず目を向けながら、流出入を行う（Mori2002）。

　最後に、2008 年の入管協会の統計によると、ブラジル人永住者は110,267 人であり、ペルー人永住者は29,976 人である。ブラジル人永住者はブラジル人全体 30%以下であり、ペルー人の場合のその割合は 50%以上になる。一般に、日本においてペルー人はブラジル人よりも国内外を問わず頻繁に移動する性質を持たない。

<hr>

第 3 節　調査の概要

3-1 地域的範囲

　ペルーに帰国した児童生徒は首都であるリマやその周辺の日系の学校に多く集中している。

　外務省によると、ペルーには約 90,000 人の日系ペルー人がおり、そのほか約 60,000 人が日本に住んでいると推定されている。合わせて約

第3章　ペルーと日本を行き来する子どもたち－日系人児童生徒の二重準拠枠の構築を視野に入れて

150,000 人であり、全ペルー人人口のおよそ 0.5％に相当する。今回の調査は基本的には、首都であるリマとその周辺の「ノルテ・チコ」※4 とカリャオ憲法特別市、比較的日系人が多く住む最北の都市チクラヨである。

　図1は、おおよそ日系ペルー人の 80％が居住する地域を表している。リマとその周辺の地域（リマ、カリャオ憲法特別市、ノルテ・チコ－バランカ、スーペ、ワラル、チャンカイ、ワウラ、ワチョ）である。表1の 1989 年から 2005 年までの双方のデータをみると、ペルーにおける「日系」人の地理的分布がおおよその一貫性を表していることが理解できる。

3-2 調査対象校

　日系ペルー人の調査（Morimoto1991）における 5 歳から 19 歳までの人口の割合を当てはめると、ペルーにおける 5 歳から 17 歳までの日系学齢児童生徒の数はおおよそ 12,000 人と予測された。この調査で取り上げられた学校、スポーツ施設、そのほかの日系の施設に通っている児童生徒の数は、リマにおいては合計で約 1000 人である。これは、サンプルが学齢期の日系児童生徒数の10％以下である可能性があることを意味しており、非日系学校あるいは日系児童生徒が多くない学校に残りの90％強が在籍していたことを暗に示している。本調査は、171 人の日本から帰国したペルー人児童生徒を対象とした。幼稚園 4 人、小学校 53 人、中学校 100 人、中学卒業 14 人であった。いずれも本調査を行った時点で親が出稼ぎとして日本で働いていたかあるいは今も日本で働いている子どもたちである。かれらには、2008 年の 3 月から 4 月と 2009 年の 8 月から 9 月の間にかれらの言語運用能力に応じて日本語あるいはスペイン語で 2 年連続した調査を行った。

　表2は調査のために訪れた学校や施設を示している。これらの学校や

※ 4「ノルテ・チコ」は首都リマの北に位置する農地のことを表すためによく使われる表現である。地理的にはリマ州のいくつかの郡を含む。首都リマはリマ州全域に影響を及ぼしている。

157

施設はリマとその周辺のカリャオ憲法特別市、ワラル、ペルーの北部の都市チクラヨにある日系コミュニティの中心となっているところである。表2の括弧内の数値はそれぞれの施設の児童生徒の合計人数を表している。表2の(1)から(5)まで、そして(10)と(11)に所属している児童生徒はアンケートに回答した。(6)には帰国した6人の児童生徒がいたが、今回のアンケートの回答者にはなっていない。(7)、(8)、(9)には帰国した児童生徒はいなかった。(8)の「39＋13」の39は初等教育、13は中等教育に在籍する児童生徒数である。(4)と(5)の帰国児童生徒は全員アンケートに回答した。(1)～(3)には、上下二段に数値があるが、上の数値は回答者数、下の数値は帰国者数である。アンケートの回答者とインタビューを受ける者は主にいわゆる日系学校で集められた。これらのうちの2つの日系学校であるラ・ビクトリアとラ・ウニ

図1 ペルー

表1 ペルーの日系人集中地域

	地 名	1989(注1)	2005(注1)
❶	チクラヨ (Chiclayo)	1.7%	2.9%
❷	トルヒーヨ (Trujillo)	3.6%	8.1%
❸	チンボテ (Chimbote)	1.5%	3.8%
❹	バランカ (Barranca)	N.A.	3.1%
	ワチョ (Huacho)	3.0%	2.0%
	ワラル (Huaral)	3.1%	3.3%
❺	リマ市 (Lima)	70.5%	59.4%
	カリャオ (Callao)	6.0%	8.2%
❻	ワンカヨ (Huancayo)	1.6%	2.1%
❼	他の地域	7.4%	7.1%

(注1) 1989年に行ったペルー国内日系人調査結果。
(注2) キョダイ組織を通して2005年に送金を受けとったペルーの地方。

第3章 ペルーと日本を行き来する子どもたち―日系人児童生徒の二重準拠枠の構築を視野に入れて

オンでは中学校レベルで帰国児童数がほぼ同様であった。一方でラ・ウ
ニオンは小学校レベルでは、日本からの帰国児童数はラ・ビクトリアよ
りも多かった。そのほかの日系学校のヒデヨ・ノグチ、ホセ・ガルベス、
インカ・ガクエンでは、帰国児童生徒は少なかった。最後に、そのほか
の日系学校には、授業料が高いかあるいは日本語のクラスが不足してい
るため帰国児童生徒はほとんどいなかった。

3-3 アンケートの回答者

アンケートは全児童生徒167人に行った[5]。回答者には、基本的な個

表2 調査サンプル

学　校	幼稚園	小等教育	中等教育
(1) ラ・ウニオン学校		9 27 (411)	32 33 (369)
(2) ラ・ビクトリア学校	0 2 (17)	8 15 (102)	31 31 (98)
(3) ヒデヨ・ノグチ学校	 (56)	6 (109)	6 8 (85)
(4) ホセ・ガルベス学校	0 (43)	4 (96)	2 (115)
(5) インカ・ガクエン	4	10 (310)	26 (310)
(6) サン・アントニオ・デ・パトゥア学校	2 (152)	2 (623)	2 (581)
(7) アイブラハム・リンカーン学校		0 (1145)	
(8) リマ日本人学校		0 (39+13)	
(9) サンタ・ベアトリス幼稚園 (旧時習寮)	0 (176)		
(10) 日系スポーツ施設		7	13[1]
(11) チクラヨ市日系人組織			9[1]
総合	4	53	114

[1]卒業生も含む。

人情報（年齢、出生地、性別、学年、日本とペルーにおける通学歴、日本での滞在期間、ペルーでの滞在期間、家族情報）と日本での生活についての情報（日本語の習熟度、家族と学校の状況）、日本から帰国後のペルーでの生活についての情報（スペイン語の習熟度、家族と学校の状況）、最後に日本とのつながりに関しての情報（日本での生活に対しての現在の気持ち、家族がまだ日本にいる場合は、帰国した理由、自分の将来計画と家族の将来計画）を提供してもらった。

第４節　調査結果の整理・検討

4-1　概要

　2008 年の 3 月から 4 月と 2009 年の 8 月から 9 月に行ったアンケートから以下のような結果が得られた。ペルー生まれと日本生まれの児童生徒がほぼ同数であり、1 人のみブラジルで生まれたと報告された。84.5%が日系の血筋を持ち、26.3%が日本に 10 年以上住んでいた。残りの 32.3%は日本に 5 年ないし 10 年、そのほかの 41.3%は 5 年以下の期間住んでいた。

　日本語の習熟度に関しては、40.7%の人々が「母語話者レベル」であると述べ、47.4%の人々は日本の学校での授業についていけるほどの言語能力を持っていないことが明らかになった。しかしながら、日本人学校に通っていた時に日本語の授業を受けていたのは 30.4%の人々だけであった。

　両国における生活と学校に関連する回答結果をみると、帰国児童生徒は日本での生活を好んでいたことがわかる。70%以上の人々が「好き」あるいは「とても好き」であると述べ、ペルーについて尋ねられた際に

※5　保護者の来日する理由が出稼ぎではなく、別の理由、たとえば外交官、JICA 職員、宗教管理者等であった子どももいたので、このような回答者は分析結果から除いた。

第3章　ペルーと日本を行き来する子どもたち―日系人児童生徒の二重準拠枠の構築を視野に入れて

は、同様の回答をしたのは60％以下であった。特になぜ子どもたちが日本に住むことが好きなのかということについてのコメントは以下のようであった。「日本の都市や通りがきれい」、「通りにはごみがまったく落ちていない」、「都市が安全」、「泥棒がいない」、「都市が安全なので、自由に外出できる」ということであった。他方でペルーの生活に関しては、「ペルーの都市や通りは汚い」、「通りにはごみしかない」、「都市は危険」、「泥棒が多い」、「都市が安全でないため自由に外出できない」、そして「誰もルールに従わない」との回答もあった。

　何人かのペルー人の子どもたちが日本での生活でとても寂しい思いをしていたことをつけくわえなければならない。このように感じていたのは、両親がともに働き、そのスケジュールもとてもきつくて、ほとんど毎日残業をして、週末でさえ仕事に行くことがあったからである。

　子どもたちには日本とペルーにおいての学校生活の好みについても尋ねた。両国における生活に関する質問で先の回答とは逆に、かれらは日本での学校生活よりもペルーでの学校生活をより肯定的に捉えていた。その1つの理由は日本の学校で頻繁に起こるいじめと厳しくて理解できない校則である。約30％の子どもたちがさまざまないじめや差別を経験したかあるいは何人かのクラスメイトがいじめや差別を受けているのを見たと述べた。約20％の子どもたちは、日本の学校の校則はとても厳しく、理解するには難しすぎると述べた。しかしながら、日本の学校の長所としてはスポーツ施設が学校にあり、広い範囲に及ぶクラブ活動や課外活動があることが挙げられている。

　もう1つこの質問で明らかになった重要なことは、現在のところ35.6％の対象児童生徒だけが、両親と暮らしており、40.2％は母親と暮らし、23.2％は祖父母や叔父、叔母などの親戚と暮らしていることである。家族の中で誰かが日本にいまだに住んでいる場合は、60.5％は両親が日本に住んでおり、33.2％は父親のみが日本に住んでいる。子どもたちに

日本にいる人とどのくらいコミュニケーションをとっているかと尋ねたところ、27.8%以上が「毎日あるいはほとんど毎日」、30.6%以下が「1週間に1度」と回答した。また16.7%は「1ヶ月に1度」、14.9%は「時々、1年に2度あるいは1度もとっていない」と回答した。最後に、30.4%が1年以内に日本に住む人と会ったと回答し、その他の36.2%は、2年から5年の間に会ったと回答した。16.7%は6年から9年の間、16.7%は10年以上前に会ったと回答した。ペルー人の子どもたちは日本での生活に懐かしさを感じていることがわかる。おおよそ80%が「懐かしい」と述べ、その理由について尋ねたところ、回答者の述べた理由のうちの1つは日本それ自体には少しも関係のないことであった。それは、日本にいたとき、子どもたちは両親や母親か父親のどちらかと一緒に住んでいたからであった。30%以上がこの理由を挙げた。そのほかの理由は、「友人が懐かしい」、「日本語を話す」、「日本料理」などが挙げられた。

4-2 インタビュー回答者の証言

　この調査は日本から帰国したペルー人128人を対象とした。幼稚園4人、小学校39人、中学校71人、中学校卒業14人であった。通常、インタビューは質問に沿って、平均45分ほど行った。しかし、特に時間を決めないインタビューだったので、子どもたちが心を開いて、日本とペルーにおける生活全般と学校生活について話すかれらのペースに従って行われた。インタビューの間、明らかに落ち着かない様子の児童生徒もわずかにいた。しかし、ほとんどの児童生徒が、この調査に興味を示し、日本で得た貴重な経験を誰かと共有することが心を癒すことになると気づいたようであった。

　以下がペルーと日本の学校制度の違い、ペルーと日本の環境の違い、日本人とペルー人の違いという3つのカテゴリーに分類された主な証言である。

第3章　ペルーと日本を行き来する子どもたち─日系人児童生徒の二重準拠枠の構築を視野に入れて

ペルーと日本の学校制度の違い

インタビューの間、ほとんどの証言は、家庭環境の違いというよりもむしろ、日本とペルーの学校生活の違いに集中していた。学校は子どもの社会化の主たる方法であり、他方で子どもは自分の家族の問題について話すことを気まずく感じると考えられるので、このことは予想される結果であった。

日本の学校には楽しい課外活動がある。ここ（ペルー）の学校でスポーツ施設が併設されている学校は本当に珍しい。ペルーに帰国する前、日本にいた時に、親に日本の学校と似ているのでたくさんのスポーツ施設と設備がある『ラ・ウニオン』のような日系学校に入学させてくれることを約束してくれるのであれば帰国すると伝えた。『ラ・ウニオン』に通っていることはまるで日本にいるかのように感じる。日本の近くにいるように感じる。

私は、昨年までリマ日本人学校（ACJ）に在学していた。しかしながら、そこには高校（日本の教育制度に従った）がなかったので、学校をやめてこちら（ラ・ウニオン学校）にきた。ACJにいたとき、まるで本当に日本にいるように感じた。現在、この学校でも日本語を学べて日本にいたことのある生徒もいるので日本に近い感じがする。ACJでは日本にいるのと同然だった。

日本の学校の長所は、さまざまな講座を提供してくれているところである。例えば、ロボット研究、刺繍、調理、大工仕事、製材などである。ここペルーでは、このような授業はない。

日本の学校では、クラブ活動を通して友人と時間を共に過ごすことができる。この学校では授業が終わったら、解散して家に帰るだけである。

163

やらなければならない宿題もたくさんある。

　日本では、それぞれの教育レベル（小学校、中学校、高校）が新しい環境、新しい仲間、新しい先生のいるそれぞれの別の学校で行われる。これが私を不安にさせ、悩ましたものであった。ここペルーでは、幼稚園からの友人ができ、卒業するまで一緒の学校に通うことができる。私は、同じ友人といる方が好きだ。

　日本の学校では、留年する必要がない。それゆえに勉強する必要もない。

　ここペルーでは、学校での成績が良くないと先生が落第させる。私の場合、英語の成績が本当に悪かったが、クラスメイトに遅れずについていくべきだと感じた。そうしないと、クラスメイトが次の学年に行くときに自分だけ同じ学年に１人取り残されるからだ。

　一般に、ペルー人児童生徒は日本の学校制度の長所としてスポーツ施設、設備、校舎、学校のカリキュラムと課外活動を強調する。そのほかは、日本の学校制度に関してあまり肯定的ではない。落第制度がなく生徒間の競争心を煽らない日本の教育には違和感があるようである。そして、１つの学校あるいは１つの敷地内の学校ですべての教育課程の勉強が出来るペルーの教育に魅力を感じているようである。ただし、５人の生徒がペルーで日本を思い出させるようなあるいは「まるで日本にいるかのように感じられる」学校が欲しいと述べていたことは興味深いことである。

第3章　ペルーと日本を行き来する子どもたち―日系人児童生徒の二重準拠枠の構築を視野に入れて

ペルーと日本の環境の違い

　　日本とペルーの社会がどのような点で異なっているのかについて
は、環境の違いが代表的なものとしてあげられる。それは、例えば都市
の景観や清潔さ、交通秩序などである。この点に関する意見は、帰国児
童生徒が両国の環境の違いを単純に物質的な視点から比較した結果とは
言えない。帰国児童生徒の意見は、かれらが日本で一定期間暮らしたこ
とによって身につけた日本的な価値観や習慣を反映している。帰国児童
生徒は、日本での生活を通じて清潔な都市と完璧な交通システムが両立
可能であることを知っており、それを踏まえて両国の違いを認識するの
である。

　　日本の都市はきれいである。通りでごみを見つけることはほとんどな
い。しかし、ここペルーでは、リマはごみであふれ、汚い。乱雑ではない？

　　私が日本にいた時、もっとも恋しかったものは親戚だった。私は親戚
に会いたくて仕方がなかった。今は、日本がとても恋しくて、特に日本
の可愛いもの、例えば動物のぬいぐるみが恋しい。

　　もし、ペルーが日本のような都市だったら、通りにごみが落ちておら
ず、運転手は交通ルールを破らないというような意味だが、日本に帰り
たいと思わなくなると思う。

日本人とペルー人の違い

　「日本人は冷たく、ペルー人は暖かい」。この意見は、かれらが両国に
おける生活の違いについて尋ねられた時に最も共通した意見として出さ
れた。かられは、まるで以前にもその意見を聞いたことがあったこと、
あるいは同様の意見を言ったことがあると思わせるほど、自然にその意

165

見を述べた。数人の児童生徒は、「日本人の冷たさ」を音楽や宗教、家族の絆、騒音・雑音と結びつけていた。つまり、音楽を聞く時の控えめの音量、カトリックでないこと、拡大家族でなく核家族が多いこと、そして町の静けさ等が「日本人の冷たさ」を反映するものとして認識されていた。

第5節　DFR（二重準拠枠）に関する考察

5-1　世の間でのDFR

　母国と受け入れ国の両国について知ることができる移民一世の間で二重準拠枠のパターンを確認することはよくあることである。かれらの受入国における期待は、送り出し国における絶対的あるいは相対的な喪失感に基づいたものである。

　日本における日系ペルー人の場合、このスキームはかれらが日本に肉体労働者として仕事に行った際に経験する社会的な下降移動に耐え、乗り越えることを可能にする。ペルーの日系コミュニティにおいて見られる多様性にかかわらず、日系人は一般に地域、職業的地位、子どもが通っている学校などに基づいて中流階級に分類される（Morimoto1991）。相対的な喪失感（Tsuda1991）、かれらの社会経済的な地位を脅かす好ましくない経済状況、そしてすでに述べたプッシュ要因とプル要因の相乗効果等によって、日系人は日本に追いやられた。日系人は、ホワイトカラーの職、小ビジネス、大学での研究、専門職業人の場合には事務所や応対室、そして配偶者や子どもを投げ出して、日本に向ったのである。日本は祖先の国であるばかりではなく、我々の国でもあると意識しながら。

　出稼ぎ現象が始まった初期の頃に、日系人は、かれらは実は経済的移民ではなく、かれらのルーツがある国に戻る機会を得られたのだというように自分たちを納得させることに成功した。このような見方は、かれ

らが話すことも理解することもできなかった言語が使われている国で困難に耐えていくことを助ける結果をもたらした。かれらはペルーでは享受できなかった物質的に豊かな生活を日本で実現させることができた。他方では、日系人はペルー人であることを確信し、かれらの信念や文化、言い換えれば、かれらの精神的な面での幸福はペルーにルーツがあることを再認識したのである。日系ペルー人が帰国したときに、DFRもまた作動する。ペルーにおいてかれらは精神的なサポートを得られる。しかし、物質的な豊かさの面からみれば日本の方が優れている、とかれらは捉える。日本にいるときは精神的な面での幸福感は不足するが、経済的な面での達成感は得られるのである。

5-2　二世の間でのDFR

DFRは移民二世の間には作用しないことが予想される。それゆえに、一世と二世の世代間に生じる対立は当然の結果である。しかしながら、母国へ帰国したペルー人児童生徒の場合には、日本で出稼ぎにいった親と同様に、DFRを有する可能性がある。

子どもたちのインタビューの結果は、帰国した子どもたちの間にDFRが存在することを示唆している。その理由は、かれらを移民第1.5世代[6]と捉えることが出来るからであり、あるはまた、かれらの多くがペルーと日本の間を行き来しているからである。日本へ出稼ぎに行った親と同様に、帰国した子どもたちはペルーと日本での状況をもう一つの現実も視野に入れて理解し、意味づけすることが出来ると思われる。表3は、日本とペルーのポジティブな事項とネガティブな事項に関する子どもたちの意見を示している。

表3から、日本に関連するポジティブな事項が物質的な幸福に関連し

---

[6]　移民1.5世代は、送り出し国で出生した子どもで6歳から12歳の間に移住した子どもを指すことが多い。

表3 日本から帰国した日系人児童生徒の二重準拠枠(DFR)

	日　本	ペルー
ポジティブ	技術 安全 きれいな環境 買い物 (文房具、ぬいぐるみ) スポーツ、部活、音楽 日本語、奨学金、勉強 仕事	家族・親戚 協力的 仲が良い おおらか ペルー人が温かい
ネガティブ	イジメ 日本人は冷たい (町に)音楽が流れていない、静かすぎる 友達がいなくて、寂しかった 親戚と会いたかった 日本語が出来なかった	危険 汚い環境 ルールを守らない 日本にいる親に会いたい スペイン語が出来ない

ていること、逆にペルーに関するポジティブ事項は精神的な幸福に関連していることが明らかである。ネガティブな事項は、日本の場合は精神的な幸福が、ペルーの場合は物資的な幸福に関係している。

しかしながら、日本に関連する ポジティブな事項は物質的な幸福だけに限定されているわけではなく、ペルーに関連するポジティブな事項も精神的な幸福だけに限定されているわけではない。それぞれの象限には、きちんとした正確な DFR スキームを構成することを難しくする事項がいくつかある。

おわりに

本論文が依拠した調査では、子どもが日本での滞在中どの程度母国について把握出来ていたかどうか分からないため、子どもたちのDFRについて確信的なことは言えない。

しかし、ペルーに帰国後、ペルー社会に向き合い、様々な経験を通し

て知識を得ることにより、子どもに DFR が作用する可能性はあると考えられる。日本とペルーの生活に関する話を聞いた時、子どもたちは両国の生活を比較検討しながら、回答を出していた。日本での暮らしを経てペルーへ帰国したことで、両国に住む経験をしたことになり、親と同様に、ある意味自然に両国で送った生活を比較する傾向が強まると思われる。

　表3から、親と同じように、日本にいた場合、物質的幸福をもたらしていた経済的側面をポジティブに感じるが、同時に精神的に厳しい生活を送ることで精神的な幸福は低くなり、ネガティブに感じる。一方、母国に暮らしている現在の場合、精神的な幸福をもたらしてくれることをポジティブに感じているが、日本のような快適な生活を送ることが出来ない経済的な面ではネガティブなものを感じる。

　DFR の概念によると、国境を超える移民は、母国の「向こう」あるいは「移住前」と受け入れ国の「ここ」あるいは「移住後」という両方の立場から同時に考える二重の見方を身につける。移民は、もし自ら母国に住んでいたらという想像力をベースにして、移住先での厳しい状況を乗り越えていこうとすると同時に、低い道徳的幸福感を母国で得られる高い道徳的幸福感で補おうとする。ペルーへ戻って来た児童生徒は、物質的幸福が満たされない面ではネガティブに感じるが、精神的幸福をポジティブに感じながら、状況に向き合おうとする。と同時に、帰国した子どもは、再び日本に住んで、物質的に快適な生活をもう一度実現したいという想像力をベースにしていると考えられる。本調査の対象者の多くの場合、両親か片親がまだ日本にいる。この意味で、再来日の可能性は低くはないと思われる。日本での暮らしを実現することは不可能ではないと考えることは、将来に関して希望的な見方を作り上げることを促進するであろう。帰国した子どもにとって、日本とペルーの間のそれぞれの生活は二分されたものではなく、DFRの影響でお互いに補い合う。

DRF の概念は時間と空間を超越するのである。

参考文献

日本語

・スエヨシ・アナ（2010）「日本からペルーに帰国した子どもたちの教育・生活状況」田巻松雄（研究代表者）『栃木県における外国人児童生徒教育の明日を考える』平成 21 年度宇都宮大学特定重点推進研究、最終報告書、50 〜 72 頁。

・スエヨシ・アナ（2008）「日本からペルーに帰国した子どもたちの教育・生活状況調査報告」田巻松雄（研究代表者）『栃木県における外国人児童生徒教育の明日を考える』Vol. 2 平成 19・20 年度宇都宮大学特定重点推進研究、中間報告書、79 〜 98 頁。

・スエヨシ・アナ（2008）「日本におけるラテンアメリカ労働者—移住パターンの変化」田巻松雄（研究代表者）『栃木県における外国人児童生徒教育の明日を考える』平成 19 年度宇都宮大学特定重点推進研究、152 〜 163 頁。

・田巻松雄 ・坂本文子 (2006)「栃木県における外国人児童生徒の教育環境」『宇都宮大学国際学部研究論集』第 22 号、87 〜 96 頁。

英語・スペイン語

・Convenio Kyodai (2005) "Remittance from Workers: Sending Money Home from Japan to Latin America", in Seminar: *Migration and Remittance in a Context of Globalization*, Annual Meeting of the Inter-American Development Bank Leaders, Okinawa, April.

・Fukumoto, Mary (1997) *Hacia un Nuevo Sol, japoneses y sus descendientes en el Perú, ・ Historia Cultura e Identidad*, Asociación Peruano Japonesa del Perú.
Hirabayashi, Lane Ryo, Akemi Kikumura-Yano and James A. Hirabayashi (eds.) (2002) *New Worlds, New Lives, globalization and people of Japanese descent in the Americas and from Latin America in Japan*, Stanford University Press.

・Mori, Edson (2002) "The Japanese-Brazilian Dekasegi Phenomenon: An Economic Perspective," Lane Ryo Hirabayashi et al. (eds.) *New Worlds, New Lives, Globalization and People of Japanese Descent in the Americas and from Latin America in Japan*, Stanford University Press.

・Morimoto, Amelia (1991) *Población de Origen Japonés en el Perú, perfil actual*. Centro Cultural Peruano Japonés.

第 3 章　ペルーと日本を行き来する子どもたち－日系人児童生徒の二重準拠枠の構築を視野に入れて

- Reese, Leslie (2001) "Morality and Identity in Mexican Immigrants Parents' Visions of the Future," *Journal of Ethnic and Migration Studies,* Vol. 27, No. 3, 455-472.
- Suarez-Orozco, Marcelo M. (1989) *Central American Refugees and U.S. High Schools, a psychosocial study of motivation and achievement,* Stanford University Press.
- Tamashiro, Satomi (ed.) (2000) *Realidades de un Sueño,* Lima: Convenio de Coooperación - Kyodai
- Tsuda, Takeyuki (1999) "The motivation to Migrate: The Ethnic and Sociocultural Constitution of the Japanese-Brazilian Return-Migration System," *Economic Development and Cultural Change* 48:1, October 1-31.
- Waldinger, Roger and Michael I. Lichter (2003) *How the Other Half Works, immigration and the social organization of labor,* University of California Press.

謝辞

この研究の実施・遂行にあたって、日系・非日系人学校および日系組織の関係者の皆様に大変お世話になりました。感謝申し上げます。

ペルーの学校の履修科目

　ペルーの学校では、どんな科目を勉強し、日本の学校とどんな違いがあるのだろうか。次の表を下に説明する。

課程	初期教育		小学校教育						中学校教育			
区分	I	II	III				IV	V	VI			VII	
学年	0-2歳	3-5歳	1年	2年	3年	4年	5年	6年	1年	2年	3年	4年	5年
履修科目	自然と社会 / コミュニケーション / 自己を知る	数学	算数						数学			
		言語	国語						国語			
									英語			
		芸術	芸術						芸術			
		社会	社会						倫理と市民教育			
									歴史、地理と経済			
									個人、家族と対人関係			
			体育						体育			
			宗教						宗教			
		科学と自然	科学と環境						科学、技術と環境			
									キャリア教育			

出典:Diseño Curricular Nacional de Educación Básica Regular 2009より抜粋筆者翻訳

　ペルーの場合、0歳から教育方針が法律によって定められていて、公的教育機関に通えば各教育課程の科目を履修することになる。中学校教育で科目が細分化されるため内容がわかりづらくなる科目がある。例えば、「個人、家族と対人関係」では、日本の保健、道徳科目に該当し、人間形成を促していて、「キャリア教育」では、中学校卒業後(順当に進学して17歳)に労働市場に参入できるように仕事に対する一定の技術、意欲等を勉強する。

　一方で、日本の教育にないのが「宗教」である。ペルーでは、国民のほとんどがカトリック教徒であり、学習面及び人間形成において重要視されている。また、日本同様ペルーにも芸術と体育の時間が設けられているが、日本と比べてペルーの公私立学校は設備等が十分でないため、日本では当たり前のように実施される授業が成立な

いこともある。例えば、楽器類、美術の道具等、プール、体操競技の道具等が不足しがちである。ちなみに、日系の学校であれば上記の科目以外に「日本語」を外国語として勉強する。また、日本のようにクラブ・部活動はなく、児童生徒がスポーツ等の実施を希望する場合は、習い事として学校外で実施するのが普通である。

　授業時間数について簡潔に説明すると、週に初期教育では25時間、小学校教育で20時間、中学校教育で29時間が義務である。児童生徒の発育、勉強に必要だと思われる科目を実施するために「特別な授業時間」として小学校教育で10時間、中学校教育で6時間が設けられ、合計すると初期教育で25時間、小学校教育で30時間、中学校教育で35時間を1週間で勉強する。1時間の授業時間は学校側が40分、45分と50分から選択して授業を実施する。学校によって2部制、3部制を採用することを考えると妥当な時間数と授業時間ではないだろうか。

参考：ペルー教育省：Diseño Curricular Nacional de Educación Básica Regular 2009

コラム7　ペルーの学校の校則

　ペルーの子どもが日本の学校に編入学すると学校生活に適応し難い時がある。それには、言葉や習慣等の違いも理由として挙げられるが、学校の校則も大きく影響している。

　ある学校の事例を以下に示すが、ペルーの多くの公私立学校はほぼ似たような校則を持っていると考えていただいて差支えない。「日本よりも緩い部分」と「日本よりも厳格な部分」の視点で記載する。ペルーの学校で校則を守る義務は子どものみならず親にも強制されるので、小中学校に入学または編入学すると「学

校の校則」が渡され、親が署名しなければならない。

【日本よりも緩い部分】
・通学は学校指定のスクールバス(自家用車)または保護者が行う。
　　※治安を考慮しての対策。
・女子児童生徒は、目立たないピアスをつけることが許可される。
　　※ペルーの習慣で女の子が誕生するとピアスをつける習慣があるため。
・児童生徒は掃除をしない。
　　※学校は勉強する場であるという考え方と掃除を清掃業者に依頼するから。
・児童生徒には、学校側が用意した鍵付きロッカーの使用が認められる。
　　※教科書数が日本より多いため自己管理の下で教科書等を学校に置くことが認められる。
・電子機器(携帯電話、音楽再生機器、パソコン等)の持参が黙認される。
　　※ただし、使用した場合には注意されるし、盗難に会う危険性が高い。
・給食がないため、昼食は、お弁当を持参するか、売店や食堂を利用する。
・授業時間外の飲食(お菓子等を含む)が許可される。

【日本よりも厳格な部分】
・3回の遅刻で生活態度の評価がB(可)、4回でC(不可)となる。
・試験期間中の欠席が病気の場合は再登校から48時間以内に医師の診断書を提出する必要がある。
・いかなる理由での早退でも保護者から1日前までに理由書の提出が必要である。
・小中学校でも停学になることがある。
　いくつかの事例を挙げたが、皆さんはどのように思うだろうか。

たかが校則されど校則。環境が異なると子どもに与える影響は良い意味でも悪い意味でも大きいのではないだろうか。

第4章　在住ペルー人の生活と意識
－アンケート調査結果より－

はじめに

　本章は、141 人のペルー人から回答してもらったアンケート調査結果をまとめたものである。調査は 20 歳以上の成人を対象とし、主に生活全般についての実情と子どもの教育に対する意識を探ることを目的に実施した。調査票はスペイン語と日本語の 2 種類を用意したが、1 人を除く 140 人がスペイン語で回答した。調査は、栃木県内の関係者（ペルー人レストラン、ペルー人の店舗、県内各地域の国際交流協会等）の下に一定期間調査票を置かせてもらい、来訪した人に回答してもらうという方法と、ペルー人と人的ネットワークを持つ関係者に協力を依頼する方法に依った。26 項目の設問を用意し、2つの自由記述では、南米系児童生徒の進学問題（高校進学率の相対的な低さ）と生活全般に関する意見を聞いた。本書の巻末に単純集計結果と自由記述に対する回答を収めた。

第 1 節 調査対象者の属性

　調査対象者は 141 人で、栃木県外の 6 人が含まれる。性別では、男性 45人（31.9%）、女性 72 人（51.1%）、無回答 24 人（17.0%）である。年齢別では、20 ～ 29 歳 6 人（4.3%）、30 ～ 39 歳 37 人（26.2%）、40 ～ 49 歳 39 人（27.7%）、50 ～ 59 歳 36 人（25.5%）、60 歳以上 15 人（10.6%）で、無回答 8 人（5.7%）となっている。30 歳代、40 歳代、50 歳代がほぼ同じ割合となっている。表1 は性と年齢のクロス表である。

第4章　在住ペルー人の生活と意識—アンケート調査結果より

表1 性別・年齢別構成

年　齢	性					
	男	割合	女	割合	無回答	割合
20〜29歳	1	2.2%	4	5.6%	1	4.2%
30〜39歳	12	26.7%	22	30.6%	3	12.5%
40〜49歳	14	31.1%	16	22.2%	9	37.5%
50〜59歳	12	26.7%	22	30.6%	2	8.3%
60歳以上	4	8.9%	4	5.6%	7	29.2%
無回答	2	4.4%	4	5.6%	2	8.3%
合　計	45	100.0%	72	100.0%	24	100.0%

第2節 主な集計結果

2-1　来日の経緯と滞日歴

　日本に滞在している年数は3年以上5年未満4人(2.8%)、5年以上10年未満20人(14.2%)、10年以上15年未満32人(22.7%)、15年以上85人(60.3%)となっている。1年未満及び1年以上3年未満を回答した人はいなかった。5年未満は2.8%しかおらず、15年以上が約6割を占め、滞在の長期化が顕著にうかがえる。

　来日の目的に関して「なぜ栃木に来たか」という設問をしたが(栃木県在住の方への設問)、その結果は、総回答数148のうち、「仕事がある」74人(50.0%)、「家族が住んでいる」55人(37.2%)、「仕事があり、同じ国籍の人が多いから」11人(7.4%)、「結婚したから」3人(2.0%)、「栃木県で生まれた」1人(0.7%)、無回答4人(2.7%)となっている。「仕事がある」と「家族が住んでいる」を両方選ぶ人が多かった。「どのようにして栃木に来たか」の設問では、「本国から直接来た」84人(59.6%)、「他県を経由してから来た」54人(38.3%)、無回答3人(2.1%)であり、ペルーから本県への直接の来日が他県経由を上回った。

177

2-2 住居の種類と引っ越し回数

「現在住んでいる家の種類」については、民間の賃貸住宅が一番多く71人（50.4%）、持ち家37人（26.2%）、公営住宅14人（9.9%）、知人（日本人）の家4人（2.8%）、社宅または会社の寮3人（2.1%）と続く。

「来日してから今日までに何回引越しをしたか」を聞いた設問では、多い順に、3回33人（23.4%）、1回30人（21.3%）、0回24人（17.0%）、4回と5回以上は同じく19人（13.5%）、2回14人（9.9%）、無回答2人（1.4%）、となっている。2回以内と3回以上がほぼ同数である。4回以上の27%という数値からは、移動の多さが感じられる。

2-3 仕事および生活の状況

日本での現在の雇用については、多い順に、派遣社員57人（40.4%）、正規の職員・従業員39人（27.7%）、無職23人（16.3%）、パート・アルバイト7人（5.0%）、家族従業者及び無回答5人（3.5%）、自営業3人（2.1%）、その他（社員及び主婦）2人（1.4%）となっている。母国での雇用では、正規の職員・従業員43人（30.5%）が派遣社員26人（18.4%）よりも多かった。雇用形態の面での全体的な下降移動が読み取れる。

「現在働いている方」を対象にして収入を聞いた設問に関しては、回答者110人が答えた。収入別の人数と割合（110人を母数として計算）は、5万円以下3人（2.7%）、6〜10万円16人（14.5%）、11〜15万円は28人（25.5%）、16〜20万円29人（26.4%）、21〜25万円28人（25.5%）、26万円以上6人（5.5%）である。11〜15万円、16〜20万円、21〜25万円がほぼ同じ割合である。20万円以下が約7割を占めており、低収入層が多いといえる。

現在収入がない人の生活実態に関しては27人が回答し、その結果は、多い順に、家事手伝い14人、貯金を使っている5人、生活保護をもらっている4人、家族・親戚などから世話になっている1人、その他3人である。設問には「年金をもらっている」の選択肢があったが、「年金をもらっている」

と回答した人はいなかった。

　現在の仕事（職場）に関して困っていることに関する複数回答の設問では、12事項に関して134の回答があった。事項別の人数と割合（134を母数として計算）を多い順に示すと、以下の通りである。「賃金が安い」37（27.6%）、「いつ解雇されるか不安である」17（12.7%）、「雇用期間が短い」15（11.2%）、「会社の健康保険に未加入である」14（10.4%）、「仕事をする上でうまく会話ができない」10（7.5%）、「労働時間が短い」8（6.0%）、「仕事をする上で日本人でないことを理由に差別的な扱いを受けている」6（4.5%）、「労働時間が長い」5（3.7%）、「雇用保険に未加入である」及び「休日・休暇が少ないは」同じく4（3.0%）、「賃金や残業代がきちんと支払われない」3（2.2%）、「雇用契約の内容と実際とが異なる」1（0.7%）。賃金の安さが一番多いのは、先に見た低収入の裏返しである。解雇への不安、雇用期間の短さ、会社の健康保険に未加入がいずれも1割程度を占める。「労働時間が短い」の回答数は8であったが、外国人労働者に特有な回答といえるかもしれない。

2-4　日本語の能力

　日本語がどのくらい出来るのかという設問は、「話す力」「聞く力」「読む力」「書く力」に分けて聞いた。

　「話す力」では、「自分の考えや意見を発言できる」と「簡単な日常会話を話せる」が同じく44人（31.2%）、「単語が話せる」42人（29.8%）、「ほとんど話せない」11人（7.8%）となっている。「聞く力」は、「テレビのニュースがわかる」13人（9.2%）、「相手がゆっくり話してくれたらわかる」75人（53.2%）、「単語を聞き取れる」41人（29.1%）、「ほとんど聞き取れない」10人（7.1%）、無回答2人（1.4%）となっている。「読む力」では、「新聞・雑誌が読める」8人（5.7%）、「簡単な漢字やひらがな・カタカナが読める」21人（14.9%）、「ひらがなとカタカナが読める」82人（58.2%）、「ほとんど読めない」27人（19.1%）、無回答3人（2.1%）となっている。

179

「書く力」では、「全部書ける」21人（11.1%）、「漢字が書ける」4人（2.1%）、「カタカナが書ける」66人（34.7%）、「ひらがなが書ける」65人（34.2%）、「ほとんど書けない」29人（15.3%）、無回答5人（2.6%）となっている。この設問は「漢字が書ける」「カタカナが書ける」「ひらがなが書ける」「全部書ける」「ほとんど書けない」の五択であったが、「カタカナ」と「ひらがな」両方を回答する人が少なくなかったので、回答数190の複数回答としてデータを処理した。

　以上の結果を見ると、話す力と聞く力に関しては、それほど不自由を感じている人はいないと思われる。「ほとんど話せない」と「ほとんど聞き取れない」はいずれも1割以下である。これに対し、読む力では、「ほとんど読めない」が2割近くを占め、書く力では、「ほとんど書けない」が15.3%を占める。読み書きの能力が話す力や聞く力よりも厳しい状況にあることが分かる。

　表2〜表5は、滞日年数と日本語能力をクロスさせた表である。全体的に滞在期間の長さと日本語能力の高さは比例関係にあると言えるが、話す力・聞く力と読む力・書く力の間には若干の差がある。すなわち、滞在年数が「10年以上15年未満」32人と「15年以上」85人の4つの力を比較すると、32人の場合「ほとんど話せない」と「ほとんど聞き取れない」はいずれも3人であるが、「ほとんど読めない」は7人、「ほとんど書けない」は9人に増える。この増加傾向は85人の場合も同様である。

表2 滞日年数別「話す力」

滞日年数	話す力				合　計
	自分の考えや意見を発言できる	簡単な日常会話を話せる	単語が話せる	ほとんど話せない	
3年以上5年未満	1 (25.0%)	0 (0.0%)	1 (25.0%)	2 (50.0%)	4 (100.0%)
5年以上10年未満	5 (25.0%)	4 (20.0%)	8 (40.0%)	3 (15.0%)	20 (100.0%)
10年以上15年未満	7 (21.9%)	5 (15.6%)	17 (53.1%)	3 (9.4%)	32 (100.0%)
15年以上	31 (36.5%)	35 (41.2%)	16 (18.8%)	3 (3.5%)	85 (100.0%)

第4章　在住ペルー人の生活と意識—アンケート調査結果より

表3　滞日年数別「聞く力」

| 滞日年数 | 聞く力 | | | | | 合　計 |
	テレビのニュースがわかる	相手がゆっくり話してくれたらわかる	単語を聞き取れる	ほとんど聞き取れない	無回答	
3年以上5年未満	0 (0.0%)	1 (25.0%)	1 (25.0%)	2 (50.0%)	0 (0.0%)	4 (100.0%)
5年以上10年未満	0 (0.0%)	7 (35.0%)	10 (50.0%)	3 (15.0%)	0 (0.0%)	20 (100.0%)
10年以上15年未満	1 (3.1%)	18 (56.3%)	11 (34.4%)	2 (6.3%)	0 (0.0%)	32 (100.0%)
15年以上	12 (14.1%)	49 (57.6%)	19 (22.4%)	3 (3.5%)	2 (2.4%)	85 (100.0%)

表4　滞日年数別「書く力」

| 滞日年数 | 書く力 | | | | | | 合　計 |
	漢字が書ける	カタカナが書ける	ひらがなが書ける	全部書ける	ほとんど書けない	無回答	
3年以上5年未満	0 (0.0%)	0 (0.0%)	1 (25.0%)	0 (0.0%)	3 (75.0%)	0 (0.0%)	4 (100.0%)
5年以上10年未満	0 (0.0%)	10 (35.7%)	10 (35.7%)	1 (3.6%)	6 (21.4%)	1 (3.6%)	28 (100.0%)
10年以上15年未満	0 (0.0%)	15 (34.9%)	17 (39.5%)	2 (4.7%)	8 (18.6%)	1 (2.3%)	43 (100.0%)
15年以上	4 (3.5%)	41 (35.7%)	37 (32.2%)	18 (15.7%)	12 (10.4%)	3 (2.6%)	115 (100.0%)

表5　滞日年数別「読む力」

| 滞日年数 | 読む力 | | | | | 合　計 |
	新聞、雑誌が読める	簡単な漢字やひらがな・カタカナが読める	ひらがなとカタカナが読める	ほとんど読めない	無回答	
3年以上5年未満	0 (0.0%)	1 (25.0%)	1 (25.0%)	2 (50.0%)	0 (0.0%)	4 (100.0%)
5年以上10年未満	1 (5.0%)	2 (10.0%)	11 (55.0%)	5 (25.0%)	1 (5.0%)	20 (100.0%)
10年以上15年未満	1 (3.1%)	1 (3.1%)	23 (71.9%)	7 (21.9%)	0 (0.0%)	32 (100.0%)
15年以上	6 (7.1%)	17 (20.0%)	47 (55.3%)	13 (15.3%)	2 (2.4%)	85 (100.0%)

　また、表2と表3からは、滞在が15年以上でも、「単語を話せる」と「単語を聞き取れる」程度の会話力しかない人が2割程度占めていることも理解できる。このことには、職場や家庭での言語環境などが大きく影響しているであろう。

2-5　満足度

　日本に来てからの生活全般に対する満足度に関する設問では、47 人（33.3%）が「満足している」と答え、68 人（48.2%）が「おおむね満足している」と回答した。その他の回答は、「どちらともいえない」12 人（8.5%）、「あまり満足していない」9 人（6.4%）、無回答 5 人（3.5%）であった。「満足していない」を回答したものはいなかった。

第 3 節　子どもの教育に対する意識

　子どもの教育に対する設問は、現在 6 歳〜18 歳までの子どもがいる保護者のみを対象とした。該当する回答数を確認したところ合計は 89 であった。子どもの年齢別の回答数と割合（89 を母数として計算）は「6 〜12 歳の子どもがいる」46 人（51.7%）、「13 〜15 歳の子どもがいる」20 人（22.5%）、「16 〜18 歳の子どもがいる」23 人（25.8%）である。子どもが通っている学校は、84 回答数のうち「国公立の学校」が 70（83.3%）で圧倒的に多かった。不就学を意味する「どこにも通っていない」を回答した者はいなかった。

　子どもの教育に対する不安を聞いた設問では 83 の回答があり、その数的内訳と割合（83 を母数として計算）は、「すごく不安である」40 人（48.2%）、「少し不安である」33 人（39.8%）、「あまり不安はない」6 人（7.2%）、「ほとんど不安はない」4 人（4.8%）であった。「すごく不安」の回答数がほぼ半数を占めている。「すごく不安である」または「少し不安である」と回答した保護者を対象にその内容を複数回答で聞いたところ、12 項目に関して 172 の回答があった。回答数が 10 を超えた上位 6 つの事項を多い順に示すと、「学費が高い」40 人（23.3%）、「大学に進学できるか不安」36 人（20.9%）、「高校に進学できるか不安」25 人（14.5%）、「学校からの連絡を親が理解できない」13 人（7.6%）、「日本語が十分にできない」12 人（7.0%）、「日本の教育制度が分からない」10 人（5.8%）となる（割合は 172 を母数として計算）。学費

と進学問題に大きな不安を抱えていると言えるであろう。高校進学よりも大学進学に関する不安のほうが高いのは、外国人生徒の高校進学率の全般的な上昇を反映していると言えるかもしれない。

さらに、大学および高校進学に関する不安を選んだ保護者を対象にその内容を聞いたところ、10項目に関して119の回答があった。回答数が10を超えた上位4つの事項を多い順に示すと、「経済的問題」42人（35.3%）、「情報不足」18人（15.1%）、「勉強をみてあげることができない」17人（14.3%）、「進学後、いじめや差別があるかもしれない」10人（8.4%）となる（割合は119を母数として計算）。不安の理由としては、経済的な問題に集中している。

「どこまで勉強してほしいか」では、回答者84人中「大学まで」が51人（60.7%）で一番多く、「大学院まで」14人（16.7%）が次に来ている。「どこで勉強してほしいか」では、回答者84人中60人（71.4%）が「日本で」と答えている。最後に「どこで就職してほしいか」では、回答者82人中52人（63.4%）が「日本で」と答えている。

全般的に、子どもの大学・高校進学を望んでいる保護者が多いが、特に経済的な理由で不安を感じている保護者が多い様子が理解できる。

第4節　定住への傾向

「定住への傾向」に関する設問では、まず、「来日前にどれくらい日本で暮らすことを考えていたのか」について聞いている。その結果は、「1年未満」8人（5.7%）、「3年未満」48人（34.0%）、「5年未満」22人（15.6%）、「5年以上」8人（5.7%）、「特に決めていなかった」44人（31.2%）、「定住を希望していた」9人（6.4%）、無回答2人（1.4%）となっている。「3年未満」が一番多いが、先にみたとおり、回答者の全員が3年以上滞在をしている。「5年以上」と「定住」希望は1割程度しかいない。

表6は、来日前の滞在予定と滞日年数をクロスさせた表である。全体的に

当初の短期滞在予定が長期滞在に変わったことが理解されるが、当初の滞在予定「3年未満」48人の動向は非常に象徴的である。すなわち、当初3年未満の帰国を希望していた48人のうち7割を超える35人が15年以上も滞在している。

表6 来日前の滞在予定と実際の滞日年数

滞日年数	来日前の滞在予定						
	1年未満	3年未満	5年未満	5年以上	特に決めていなかった	定住を希望していた	無回答
3年以上5年未満	2 (25.0%)	0 (0.0%)	0 (0.0%)	0 (0.0%)	2 (4.5%)	0 (0.0%)	0 (0.0%)
5年以上10年未満	1 (12.5%)	6 (12.5%)	2 (9.1%)	2 (25.0%)	8 (18.2%)	1 (11.1%)	0 (0.0%)
10年以上15年未満	2 (25.0%)	7 (14.6%)	7 (31.8%)	4 (50.0%)	10 (22.7%)	1 (11.1%)	1 (50.0%)
15年以上	3 (37.5%)	35 (72.9%)	13 (59.1%)	2 (25.0%)	24 (54.5%)	7 (77.8%)	1 (50.0%)
合　計	8 (100.0%)	48 (100.0%)	22 (100.0%)	8 (100.0%)	44 (100.0%)	9 (100.0%)	2 (100.0%)

「今後の日本での滞在予定」を聞いた設問の結果は、多い順から、「日本にずっと住みたい」41人（29.1%）、「いずれ母国に帰る」39人（27.7%）、「仕事があれば日本にずっと住みたい」25人（17.7%）、「わからない」13人（9.2%）、「2〜4年ぐらいで母国に帰る」11人（7.8%）、「5〜10年ぐらいで母国に帰る」7人（5.0%）、「1年ぐらいで母国に帰る」3人（2.1%）、無回答2人（1.4%）となっている。滞在の長期化の中で半数近い66人（46.8%）が定住希望を示している。しかし一方で、母国への帰国を希望する者も60人（42.6%）いる。ただし、1年以内あるいは2年から4年以内と早期の帰国予定を示した者は1割に限られる。「いずれ母国に帰る」とある意味不透明な見込みを示したものが3割で、「分からない」も1割を占める。4割近くの人が将来に向けた明確なビジョンを持っていない現実が浮かび上がっている。

表7は、滞日年数と今後の滞在予定をクロスさせた表である。「5年以上10年未満」では、日本での定住希望と帰国希望はほぼ同率である。「10年以上15年未満」では、日本での定住希望（28.1%）を帰国希望（62.6%）が上回り、特に「いずれ母国に帰る」が34.4%と多い。「15年以上」では、日

本での定住希望（52.9%）が帰国希望（36.5%）を上回っているが、滞日年数が15年を超えていても4割近くが帰国を希望している点が注目されるべきだろう。また、「分からない」が9.4%で、他の滞日年数よりも割合が高くなっている。

表7 滞日年数と今後の滞在予定のクロス表

滞日年数	今後の滞在予定								合　計
	日本にずっと住みたい	仕事があれば日本にずっと住みたい	1年ぐらいで母国に帰る	2年〜4年くらいで母国に帰る	5年〜10年くらいで母国に帰る	いずれ母国に帰る	わからない	無回答	
3年以上5年未満	2(50.0%)	0(0.0%)	0(0.0%)	0(0.0%)	0(0.0%)	0(0.0%)	2(50.0%)	0(0.0%)	4(100.0%)
5年以上10年未満	5(25.0%)	5(25.0%)	1(5.0%)	2(10.0%)	2(10.0%)	4(20.0%)	1(5.0%)	0(0.0%)	20(100.0%)
10年以上15年未満	5(15.6%)	4(12.5%)	2(6.3%)	4(12.5%)	3(9.4%)	11(34.4%)	2(6.3%)	1(3.1%)	32(100.0%)
15年以上	29(34.1%)	16(18.8%)	0(0.0%)	5(5.9%)	2(2.4%)	24(28.2%)	8(9.4%)	1(1.2%)	85(100.0%)

第5節　自由記述

2つの事柄に関して自由記述で意見を聞いた。

1つは、「外国人児童生徒の進路問題に関する近年の研究において、南米系国籍の子どもたちの進学率が他の国籍の子どもたちと比較して低い（その中でも特にブラジルが低い）という結果が出ました。この結果についてどのように考えますか」と聞いている。筆者を中心とするグループが実施してきた進路状況調査で南米系生徒の進学率が相対的に低いという結果が出ていることを踏まえ、設定した設問である。

「そうは思わない」との回答が1件だけあった。親、情報不足、経済的要因、学校・行政の問題、本人たちの意識、帰国など、多岐にわたる要因が挙げられている。しかし、圧倒的に多くの人は「親の問題」をあげている。

ほぼ共通して子どもの教育に対する親の関心の低さや支援不足が指摘されており、その背景としては、長時間労働で生活が不規則であること、日本語能力が低いこと、帰国を前提にしていること、日本の教育制度に対する認識や子どもとのコミュニケーション能力が不足していることなどがあげられている。全体として、複数の要因に触れる意見が多く、自由記述を分類して整理することは難しい。巻末の資料では、「主に親に関するもの」、「経済的要因」、「情報不足」、「日本語」、「学校・行政」、「働くことへの関心」、「その他」に大きく分類して掲載した。以下、「主に親に関するもの」に関する意見をいくつか挙げる。

主に親に関するもの

・進学率という重要な点において、南米人のその数字が低いことは残念なことである。この結果の大部分は、子どもに対する支援不足が原因である。それは、親が長時間働いているから（残業が多い）、またいつか帰国することを考えていて、子どもの教育形成に興味を示さないからである。ペルーにいなかった時間などを考慮せずに、帰国すればより良い教育を受けられると思っている。子どもがきちんとコミュニケーションができないため日本社会に適応できていないことが認識されておらず、また、こどもが日本に滞在していたせいでスペイン語を部分的または完全に喪失してしまった状態で帰国すれば適応できないことが忘れられている。

・親によるものが全てだと思う。多くの親はお金や物を与えることが重要だと思い、子どもが人間的・知的に向上しようとすることを教えない。なんでも自由にやらせてしまうし、子どもと向き合う時間を作らない。その上、親は働き過ぎで家の問題（子どものこと）を忘れてしまう。

・親の日本語の理解力不足や、教育にかかる出費のせいで子どもの進学を諦

めてしまい、帰国して勉強させるか工場で働かせるのを望むことに関係が
あるのだと思う。

・親の勉強に対する意識不足、子どもとのコミュニケーション不足が原因だと
思う。そして親の理解力（忍耐力）がないため勉強でうまくいかないとすぐ
に働かせてしまうから。

・他の親と話すときも同じようなことを聞くので当たっていると思う。主な理由
は、多くの親は中学校 2 年または 3 年の先生に子どもが高校に進学するの
に点数が足りないと言われて初めて子どもの置かれた状況に気づく。日本
では各学年の学習項目を習得していなくても進学できてしまう。指導と支
援の責任を果たさないのは子どもと親の両方にとっても良くないと思う。

次に、日本に来てからの生活全般の満足度に対する回答の理由を聞いた。
既述したが、回答結果は、「満足している」47 人（33.3%）、「おおむね満足し
ている」68 人（48.2%）、「どちらともいえない」12 人（8.5%）、「あまり満足し
ていない 9 人」（6.4%）、無回答 5 人（3.5%）であった。巻末には、満足度
別に分類して自由記述を掲載した。

満足の理由に関しては、収入、家族との生活、家族への支援、安全・安
心に暮らせる生活、子どもの教育や成長などがあがっているが、安全・安心
に言及した意見が目立った。何人かは日本社会への感謝の意を表している。

・家族と落ち着いて生活できること、暴力がないこと、そして経済的に確実
な仕事があるので、この国にいられることが嬉しい。今では、日本での生
活に適応し、しっかりと納税もしており、日本の習慣を尊重できている。
・日本にいることで、経済的に厳しい状況に置かれていたペルーにいる家族
を助けることができるのでありがたく思う。その上、日本での生活はとても

安全で、ペルーみたいに犯罪、強盗、暴力がなく、安心できるので好きである。
・日本政府と入管法の改正によって日本で仕事ができ、家族を経済的に支援することが出来た。今、子どもは勉強ができていて、とてもうまくいっている。今、子どもは大学への進学を考えていて、そういう子どもに対する支援にも感謝している。日本に対してとても感謝している。

　一方、「どちらとも言えない」と「あまり満足していない」の理由としては、16人中6人が専門職や専門を活かした仕事に就けていないことに言及している。

・私が結婚を決めて子どもができた時に来日したが、定職（専門的な職）に就くという計画を実現できなかった。
・個人的には、私が望んだように成長できていない。与えられる機会の少なさや日本語が分からないことなどから、上を志すことが出来ない。私たちは工場の労働者で我慢している。
・ペルーでは、自分の専門を活かした好きな仕事をしていたが、日本では労働者である。
・悲しいことに、「外国人」であるが故に私たちが望むように向上できない。ただの労働者や従業員として我慢するしかない。
・満足していないのはペルーで携わっていた職に従事していないからである。
・来日当初は仕事がたくさんあった。でも、時間が経つにつれて、娘が高校を修了してから支援できるかどうかの心配に駆られる。娘には一生工場で働いてほしくない。個人的には、来日したことによって専門職に就けなかったことに挫折感を感じている。長い間、仲介業者は利用せず、直接雇用で働いてきた。でも、社会保険への加入の機会を与えられなかった(知らなかった)。今、高齢になって将来的に年金が受給できないとわかっていても、

社会保険に加入することを要求される。

おわりに

　今回の調査対象者141人の回答結果からは、日本での生活全般に対する満足度が総体的に高いことが確認された。調査対象者の多くは日本で様々な苦労をしてきたと思われるが、9割を超える人が、日本で生活してきたことに基本的に「満足」と答えている。このため、本調査は、結果として、日本での生活に基本的に満足してきたペルー人の生活と意識に焦点を当てるものとなった。ただし、日本での生活に対する評価は、母国ペルーと今住んでいる日本とを比較しながら行われることに留意が必要である。それは、もし出稼ぎに来ることなくペルーで暮らしていたらどういう生活をしていたのか、および帰国した場合にはどのような生活が待っているのかについての想像を伴うなかで行われる。一般的に言って、移住者が移住先で厳しい体験や苦労に直面した場合でも、母国でのより厳しい生活を想像することで、あるいは母国では決して得られなかったであろう安定した生活が得られていることを認識することで、それらは致し方ない現実として肯定的に理解されることになるだろう。母国での厳しい経済・政治情勢によって国外へ押し出された出稼ぎ者にとって、「今ここにある生活」は少なくとも母国での生活よりもより良いものとして理解される傾向があると言える。換言すれば、母国の厳しさに対する思い出や認識は、移住者が移住先での厳しい生活に耐えていくことを可能とする要因として働く。加えて、調査対象者に長期滞在者が多かった事実を踏まえれば、総体的に満足度が高かった結果もある意味自然なものとして理解できる。

　調査結果から、仕事（職場）に関しては、賃金の安さ、解雇への不安、雇用期間の短さ等への不満や不安が少なくないことが明らかとなっている。また、全般的に、子どもの大学・高校進学を望んでいるが、特に経済的な理由で不安を感じている人が多い。専門職や専門を活かした仕事に就けない

でいることに対する不満も表明されている。調査対象者の約 6 割は 15 年以上日本で暮らしており、半数は日本での定住を希望している。外国人労働者もその子どもたちも日本で共に暮らしていく生活者・住民であると捉え、かれらとの共生・共存のあり方を多面的に考えていくことが問われよう。

第 4 章　在住ペルー人の生活と意識—アンケート調査結果より

コラム8　どんぐりクラブとおしゃべり会

【どんぐりクラブ】

　2008 年のリーマン・ショック後、日本からペルーへ多くの学齢期の子どもたちが帰国し始めた。かれらは、ペルー生まれ、または日本で生まれた子どもたちであった。

　しかし、2008 年以前から少数ながらも帰国する家族はいて、その子どもを支援するために 2006 年 5 月に「帰国児童会話クラブ (通称：どんぐりクラブ)」が誕生した。活動は、月 1 回の第 2 土曜日の午後の 2 時間を使って、子どもたちが遊びや工作等を通して日本語が使える環境を提供することであった。立ち上げ当初は、ボランティアの日本語の先生 3 人と数人の参加者だけであったが、根気強く継続的に月 1 回の活動を実施した。

　リーマン・ショック後に多くの家族が帰国を始めると、活動に参加し始める子どもたちが瞬く間に 10 人、20 人と増え、最大で 50 人を超えた。ボランティアも日本帰りの青年、日本からの留学生が加わり、毎月 10 人前後で活動を支えたおかげで活動の範囲、内容が多様になっていった。

　日本語を使った活動で子どもたちが表現しやすい言語を使い、同じ境遇の子どもたちと出会う場を提供することで、どんぐりクラブはかれらが少しでもペルーの学校や社会に順応できるような活動を実施している。

【おしゃべり会】

　リーマン・ショック後、ペルーへ帰国したのは子どもだけではなかった。親と一緒に、または 1 人で帰国した若者もいた。かれらのほとんどがペルーで生まれ 90 年代に親の出稼ぎに伴い来日し、成人してからスペイン語習得等の理由で帰国したが、親戚以外はほとんど知人・友人が

191

いないためペルー社会に適応できずにいた。

　かれらは日系社会等を通じて、お互いを知る内に成長過程での共通性を見出し、強い繋がりを感じた。そこで、かれらが出会い、ペルー社会に適応できる過程を共有できるような場を構築することが必要だとの声が高くなり、2010年1月に「おしゃべり会（しゃべらん会）」が立ち上がった。

　活動は、月1回の土曜日の夕方の2時間を使って、全員がボランティアというコンセプトで日本語を使った活動を交代しながら実施している。また、参加者は日本帰りに限らず、ペルーを訪問中の日本人とある一定の日本語能力を持つ日本語学習者もいる。

　おしゃべり会はかれらの表現しやすい言語、またはペルー社会に溶け込んでいく前の心の拠り所として多くの日本帰りの若者を支援している。

コラム9 ペルー料理への誘い

　初来日してから約20年、出稼ぎブームが始まって約25年が経過したが、未だによく質問されるのが「ペルーはじゃがいも食べるんだよね?」とか、「ペルーは白ご飯を食べるの?」である。尋ねられる度に微妙な顔で回答する。ここでは、ペルー料理を簡潔に紹介したい。

　豆知識ではあるが、ペルー原産の野菜の中にはじゃがいもを始め、とうもろこし、トマト、とうがらし、かぼちゃや豆類等がある。また、ペルーはお肉料理の「ポジョ・ア・ラ・ブラサ（鶏の丸焼き）」や魚料理の「セビーチェ（白身魚のマリネ）」を筆頭に料理が豊富に存在する。それは、ペルーの地形や太平洋に面している地理的位置が大きく影響していると共に、歴史的にスペイン、イタリア、アフリカ、中国等の影響を受け現在の食文化が成立してきたことに起因する。そして、最近

第 4 章　在住ペルー人の生活と意識—アンケート調査結果より

注目を集めているのが、各国料理を単独ではなく混合させる「フション料理」である。例えば、巻き寿司にペルー料理のソースをかけるような具合で、ペルー料理の幅を広げている。

　日本でペルー料理を堪能するのは中々難しい。ペルー人の集住地域であればレストランやバーが存在するが、日本人が踏み入れるのには多少勇気がいる。しかしながら、それは日本人の思い込みで一歩中に入れば店側は歓迎する。なぜなら、ペルー人はペルー料理に誇りと自信を持ち、世界一だと自負して日本人にも味わってもらいたいと思っているからである。それでも抵抗がある人は、日本人シェフが経営するペルー料理店を選択する方法もあるので考えてみてはいかがだろうか。

　多少宣伝みたいになっているが、日本には約5万人の在日ペルー人がいて今後人口に変動があるにしろ共に生活することを考えると、私たちの1つの文化でもある料理に興味関心を持っていただけると有難い。新たな発見や出会いがあるのかもしれない。

参考資料①（アンケート調査集計結果）

表1　性別

	人　数	割　合
男	45	31.9%
女	72	51.1%
無回答	24	17.0%
合　計	141	100.0%

表2　年齢

	人　数	割　合
20〜29歳	6	4.3%
30〜39歳	37	26.2%
40〜49歳	39	27.7%
50〜59歳	36	25.5%
60歳以上	15	10.6%
無回答	8	5.7%
合　計	141	100.0%

表3　なぜ栃木に来たか

	人　数	割　合
仕事がある	74	50.0%
家族が住んでいる	55	37.2%
結婚したから	3	2.0%
仕事と同じ国籍	11	7.4%
栃木県で生まれた	1	0.7%
無回答	4	2.7%
合　計	148	100.0%

表4　栃木にどのように来たか

	人　数	割　合
本国から直接来た	84	59.6%
他県を経由してから来た	54	38.3%
無回答	3	2.1%
合　計	141	100.0%

表5　住居の種類

	人　数	割　合
持ち家	37	26.2%
公営住宅	14	9.9%
民間の賃貸住宅	71	50.4%
社宅または会社の寮	3	2.1%
知人(日本人)の家	4	2.8%
その他	11	7.8%
無回答	1	0.7%
合計	141	100.0%

表6　来日してからの引っ越し回数

	人　数	割　合
0回	24	17.0%
1回	30	21.3%
2回	14	9.9%
3回	33	23.4%
4回	19	13.5%
5回以上	19	13.5%
無回答	2	1.4%
合計	141	100.0%

表7　滞日年数

	人　数	割　合
3年以上5未満	4	2.8%
5年以上10年未満	20	14.2%
10年以上15年未満	32	22.7%
15年以上	85	60.3%
合計	141	100.0%

表8　日本語がどのくらい出来るのか

話す力	人　数	割　合
自分の考えや意見を発言できる	44	31.2%
簡単な日常会話を話せる	44	31.2%
単語が話せる	42	29.8%
ほとんど話せない	11	7.8%
合計	141	100.0%

聞く力	人　数	割　合
テレビのニュースがわかる	13	9.2%
相手がゆっくり話してくれたらわかる	75	53.2%
単語を聞き取れる	41	29.1%
ほとんど聞き取れない	10	7.1%
無回答	2	1.4%
合計	141	100.0%

読む力	人　数	割　合
新聞、雑誌が読める	8	5.7%
簡単な漢字やひらがな・カタカナが読める	21	14.9%
ひらがなとカタカナが読める	82	58.2%
ほとんど読めない	27	19.1%
無回答	3	2.1%
合計	141	100.0%

書く力	人　数	割　合
漢字が書ける	4	2.1%
カタカナが書ける	66	34.7%
ひらがなが書ける	65	34.2%
全部書ける	21	11.1%
ほとんど書けない	29	15.3%
無回答	5	2.6%
合計	190	100.0%

表9　最終学歴

	人　数	割　合
日本の中学校卒業	4	2.8%
ペルーの中学校卒業	33	23.4%
高校卒業	1	0.7%
高校中退	1	0.7%
日本の大学中退	2	1.4%
ペルーの大学卒業	3	2.1%
ペルーの大学中退	26	18.4%
ペルーの専門学校卒業	28	19.9%
ペルーの専門学校中退	14	9.9%
日本の専門学校卒業	2	1.4%
日本の専門学校中退	24	17.0%
無回答	3	2.1%
合計	141	100.0%

表10　日本での雇用形態

	人　数	割　合
正規の職員・従業員	39	27.7%
派遣社員	57	40.4%
パート・アルバイト	7	5.0%
家族従業者	5	3.5%
自営業	3	2.1%
無職	23	16.3%
その他	2	1.4%
無回答	5	3.5%
合計	141	100.0%

表11　母国での雇用形態

	人　数	割　合
正規の職員・従業員	43	30.5%
派遣社員	26	18.4%
パート・アルバイト	2	1.4%
家族従業者	11	7.8%
自営業	14	9.9%
無職	22	15.6%
その他	17	12.1%
無回答	6	4.3%
合計	141	100.0%

表12　現在の収入

	人　数	割　合
5万円以下	3	2.7%
6〜10万円	16	14.5%
11〜15万円	28	25.5%
16〜20万円	29	26.4%
21〜25万円	28	25.5%
26万円以上	6	5.5%
合計	110	100.0%

表13　どのように生活しているか

	人　数	割　合
生活保護を貰っている	4	2.8%
貯金を使っている	5	3.5%
家族・親戚などから世話になっている	1	0.7%
家事手伝い	14	9.9%
その他	3	2.1%
無回答	114	80.9%
合計	141	100.0%

表14　仕事（職場）での困ったこと

	人　数	割　合
賃金が安い	37	27.6%
賃金や残業代が払われない	3	2.2%
雇用期間が短い	15	11.2%
いつ解雇されるか不安である	17	12.7%
会社の健康保険に未加入である	14	10.4%
雇用保険に未加入である	4	3.0%
労働時間は長い	5	3.7%
労働時間が短い	8	6.0%
休日、休暇が少ない	4	3.0%
雇用契約の内容と実際とが異なる	1	0.7%
仕事をする上でうまく会話ができない	10	7.5%
仕事をする上で日本人でないことを理由に差別的な扱いを受けている	6	4.5%
その他	10	7.5%
合計	134	100.0%

表15　来日前の日本での滞在予定

	人　数	割　合
1年未満	8	5.7%
3年未満	48	34.0%
5年未満	22	15.6%
5年以上	8	5.7%
特に決めてなかった	44	31.2%
定住を希望していた	9	6.4%
無回答	2	1.4%
合計	141	100.0%

表16　今後の滞在予定

	人　数	割　合
日本にずっと住みたい	41	29.1%
仕事があれば日本にずっと住みたい	25	17.7%
1年くらいで母国に帰る	3	2.1%
2年～4年ぐらいで母国に帰る	11	7.8%
5年～10年ぐらいで母国に帰る	7	5.0%
いずれ母国に帰る	39	27.7%
わからない	13	9.2%
無回答	2	1.4%
合計	141	100.0%

表17　子どもの年齢

	人　数	割　合
6～12歳	46	51.7%
13～15歳	20	22.5%
16～18歳	23	25.8%
合計	89	100.0%

表18　子どもがどこで教育を受けているか

	人　数	割　合
国公立の学校	70	83.3%
市立の学校	4	4.8%
職業能力開発校	1	1.2%
母国の通信教育を受け、学校へ通っている	1	1.2%
その他	8	9.5%
合計	84	100.0%

表19　教育についての不安

	人　数	割　合
すごく不安である	40	48.2%
少し不安である	33	39.8%
あまり不安ではない	6	7.2%
ほとんど不安はない	4	4.8%
合計	83	100.0%

表20　子どもの教育について心配なこと

	人　数	割　合
日本語が十分にできない	12	7.0%
学校の授業が難しい	4	2.3%
学校でいじめられる	8	4.7%
友達ができない	5	2.9%
学校に行きたがらない	3	1.7%
高校に進学できるか不安	25	14.5%
大学に進学できるか不安	36	20.9%
学費が高い	40	23.3%
母国語が話せなくなる	7	4.1%
学校からの連絡を親が理解できない	13	7.6%
日本の教育制度がわからない	10	5.8%
どこの学校に通わせるか迷う	4	2.3%
その他	5	2.9%
合計	172	100.0%

表21　進学について不安なこと

	人　数	割　合
情報不足	18	15.1%
経済的問題	42	35.3%
滞在予定が不確定なので進学の見通しが立たない	7	5.9%
親の希望と子どもの希望が合わない	5	4.2%
日本でも母国でも必要な学力が身についていない	5	4.2%
日本で進学出来るだけの日本語能力が身についていない	3	2.5%
母国で進学出来るだけの日本語能力が身についていない	6	5.0%
進学するための十分な日本語力も母国語力も身についていない	2	1.7%
勉強をみてあげることができない	17	14.3%
進学後、いじめや差別があるかもしれない	10	8.4%
その他	4	3.4%
合計	119	100.0%

表22　どこまで勉強してほしいか

	人　数	割　合
専門学校まで	6	7.1%
大学まで	51	60.7%
大学院まで	14	16.7%
子どもの希望にまかせたい	12	14.3%
その他（大学及び子どもの希望にまかせたい）	1	1.2%
合計	84	100.0%

表23　どこで勉強してほしいか

	人　数	割　合
母国で	12	14.3%
日本で	60	71.4%
その他の国で	5	6.0%
わからない	7	8.3%
合計	84	100.0%

表24　どこで就職してほしいか

	人　数	割　合
母国で	7	8.5%
日本で	52	63.4%
その他の国で	11	13.4%
わからない	12	14.6%
合計	82	100.0%

表25　日本にきて満足しているか

	人　数	割　合
満足している	47	33.3%
おおむね満足している	68	48.2%
どちらともいえない	12	8.5%
あまり満足していない	9	6.4%
無回答	5	3.5%
合計	141	100.0%

参考資料② (アンケート調査自由記述)

進学問題に関する自由記述

　以下では、「外国人児童生徒の進路問題に関する近年の研究において、南米系国籍の子どもの進学率が他の国籍の子どもと比較して低い（その中でも特にブラジルが低い）という結果がでました。この結果についてどのように考えますか」と聞いたことへの回答である。

主に親に関するもの

・ 進学率という重要な点において、南米人のその数字が低いことは残念なことである。この結果の大部分は、子どもに対する親の支援不足が原因である。それは、親が長時間働いているから（残業が多い）、またいつか帰国することを考えていて、子どもの教育形成に興味を示さないからである。ペルーにいなかった時間などを考慮せずに、帰国すればより良い教育を受けられると思っている。子どもがきちんとコミュニケーションができないため日本社会に適応できていないことが認識されておらず、また、子どもが日本に滞在していたせいでスペイン語を部分的または完全に喪失してしまった状態で帰国すれば適応できないことが忘れられている。

・ 親が子どものための時間を取らず、支援をしてあげないからである。子どもに時間を与えずに仕事と残業に時間を捧げてしまっている。

・ 小さい時から愛情を持って、人生や勉強に対しての向き合い方を教えるべきである。

・ 親が中学校で満足してしまい、その後のことに興味を示さずに働きに行かせ、生活のためにお金を稼がせてしまうから。

・ 進学することにより、可能性が広がることを私自身が子どもにしっかり教えていないことが原因だと思います。

- 個人的には、情報不足からくる親の教育に対しての意識不足とペルーとの教育制度の違いが原因だと思う。
- きちんと手助けせず、勉強や子どもの望みに対して気にかけてない親の責任である。親が日本語をもう少し勉強しようとする姿勢を見せることで、模範となる例を見せるべきである。
- 親の関心と支援が足りないのと親の日本語能力不足。
- 親の勉強に対する意識不足、子どもとのコミュニケーション不足が原因だと思う。そして親の理解力（忍耐力）がないため勉強でうまくいかないとすぐに働かせてしまうから。
- 将来子どもが日本に残ることを望んでいる親は、子どもが「わからない」と言わないために日本語能力を平均的なレベルまで上げようと努力しなければならないと思う。
- 大部分親に原因があると思う。大学を出ている親は、子どもが自分たちと同様に専門的な勉強をして、工場でただ労働者として働くのではなく、日本でより良い仕事に就いて欲しいと望んでいる。
- 私の考えだと、親が自分の子どもを日本の学校以外に行かせることで、悪影響を与えているのだと思う。親の多くは自分の子どものことはどうでもいいとさえ思っている。
- コミュニケーション不足によると思う。
- 多くの親は最終的にはペルーに帰るので、日本の学校の教育課程を受けるべきではないと考えている。多くのペルー人家族は、授業を欠席することまた授業に遅れることも気にせずに学校に通っている年齢の子どもを連れてペルーに帰国している。
- 両親と子どもが一緒に生活する時間の少なさ、言葉などに慣れていく適応力といった問題もあると思う。私たちが外国人であることから生計を立てるためにたくさん働いている中で、子どものことを忘れてしまうことも問題だと思う。

- 多くの場合、私たち親の無知、仕事の問題、言語の壁などによって情報を理解できていないことによるものだと思う。しかし、最近多くの地方で外国人への手助けや案内などといった対策があるのを知った。
- 親の気にかけないことなどによる教育不足などのせいである。
- 悲しいことだが、親が子どもを良い方向に刺激せず、中学校、高校を卒業したらそれ以上は求めないことにあると思う。
- 日本に住んでいくのなら、親が子どものために高校進学の手助けをしなければならない。
- 親の仕事のリズムが不規則なので、未成年の子どもをしつける時間がないのだと思う。そうするとその子どもはすぐに独立することを選んでしまい、生きていくために勉強するより仕事をする方を選択する。
- なぜなら親は勉強の手助けをできないからである。子どもは日本語で勉強を進めているので、勉強が難しくなってくると親はもう理解できなくなってしまう。しかし私の場合、理解しようとしているし、私自身も勉強をしなければならないと思う。
- この件に関して親が気にかけないということがとても残念な事である。確かに、私の息子にも言葉の問題が見受けられるので、塾などに通わせたりしなければならない。子どもにはその時にやらなければいけないことがあるということ（今は勉強すること）、将来働いて社会に出るために、戦うための武器を持たなければならないということを教えないといけないと思う。
- 残念ながら、こういった事態（子どもの教育への無関心）はブラジル人やペルー人の両親にも見られる。かれらは、子どもの教育に時間を割かずに、お金や便利さだけを考えて、子どもに興味を示さない。もし子どもにもっと興味があれば高校にいるブラジル人とペルー人が増えるだろうと思われる。
- 親はもっと子どもに対して要求すべきだし、子どもに対して時間を割くべきであると思う。
- 勉強への大きな刺激は両親がいる家庭からである。もしかしたら、両親に

は高等教育課程の経験がなく、子どもを高等教育進学へと導く能力に欠けているのかもしれない。

・進学率の低下は子どもを勉強させるように親が刺激を与えないことにもあるし、学校でいじめをさせないような対策が必要だとも思う。それに親は学費を支払うためにお金を貯めるべきであるとも思う。要因はいくつもあると思う。

・親は、高校進学のために子どもたちを促し、支援をするべきである。それには行政による日本に住むペルー人のための情報の提供がもっとあるべきである。

・家での環境によると思う。私の場合、子どもたちには向上するよう常に言ってきた。

・親によるものが全てだと思う。多くの親はお金や物を与えることが重要だと思い、子どもが人間的・知的に向上しようとすることを教えない。なんでも自由にやらせてしまうし、子どもと向き合う時間を作らない。その上、親は働き過ぎで家の問題（子どものこと）を忘れてしまう。

・親の日本語の理解力不足や、教育にかかる出費のせいで子どもの進学を諦めてしまい、帰国して勉強させるか工場で働かせるのを望むことに関係があるのだと思う。

・教育における情報の不足。例えば、両親からの手助けがないこと。仕事にだけ時間を捧げて、子どもの問題などを心配しないこと。外国人に対して権利や機会がより多く与えられ、給料が改善されれば子どもにより良い教育が与えられるはずである。

経済的要因

・勉強させるのはお金がかかるから、仕事をすることを選んでしまうのだと思う。

・経済的な要因にもよるし、子どもに勉強する意志がないということも要因

の一つである。

- 親が仕事に専念してしまい、親から支援がないということと子どもを心配しないから。
- 中には家庭での収入不足で中学校の勉強を続けられない子どももいる。その影響もあると思う。
- 経済的な理由で、子どもたちは高校進学のための準備ができないからだと思う。
- 私立高校での学費が高い、学校に弁当を持っていかないといけない。通学距離が遠いなどといった問題がある。
- 子どもが勉強を続けるためには刺激（動機づけ）があるべきである。経済的な要因も子どもの勉強を継続できない障害になっているのだと思う。
- 経済的な不足によると思う。
- 全ての外国人の親は、子どもが日本で勉強していくことが難しくてお金がかかるということを知っている。しかし、経済的に余裕があるなら子どものためにもお金を投資する価値があると思う。これは日本人も同じだが、何人の子どもがいるのかにもよるのかもしれない。

情報不足

- 情報不足、また日本語がとても難しくて手伝うことができないから。
- 情報不足、教育にかかる出費が高い。また、子どもを支援することが時間的にも日本語能力的にも十分ではないと思う。
- 情報が不足しているからだと思う。
- 日本では子どもが勉強する機会がある環境が整っているが、多くの外国人は情報不足のため、子どもが勉強を続けていくための援助を受けられるということを知らない。

日本語

・ 日本語がわからないことと親と子どものコミュニケーション不足が影響しているのだと思う。さらに若者は流行の物を買うために働きたいと思っている。

・ 子どもの勉強のレベルや日本語の理解力にあると思う。私の娘の場合は、その点において何も問題はない。

学校・行政

・ 他の親と話すときも同じようなことを聞くので当たっていると思う。主な理由は、多くの親は中学校2年または3年の先生に子どもが高校に進学するのに点数が足りないと言われて初めて子どもの置かれた状況に気づく。それに日本では各学年の学習内容を習得していなくても進学できてしまう。指導と支援の責任を果たさないのは子どもと親の両方にとっても良くないと思う。

・ 日本政府の支援不足だと思う。

・ 中学校での効果的な教育方法の欠落。

・ 親は子どもを学校に行かせるが、学校では外国人の生徒にはあまり関与してくれない。それで放置された子どもは勉強に興味がなくなる。それが全てではないが、先生は外国人生徒の扱いを学ぶべきである。それに外国人だということに関係なく、学級内のグループを形成していくべきだと思う。

・ 南米学校が存在していて、多くの親がそれらの学校に入学させたいと思うから進学率が低いのだと思う。

・ 理由の1つはいじめであると思う。次に、家で話す言葉（ポルトガル語やスペイン語など）と学校で話す言葉（日本語）が違うという問題も深刻な原因であると思う。

・ 高校教育は重要な過程であるから、とても心配な事である。中学校では生徒が辞めてしまうことに対してもっと懸念するべきである。

働くことへの関心

- 中には未成年という若さゆえにアルバイトを選択する人が居る。言葉がわからない上に家からの援助や手助けがないからである。
- 若いうちからお金を稼ぐことに慣れてしまって、勉強をするのが嫌になるのだと思う。それは悪いことである。
- 外国人の多くは、一般的に勉強を続けることよりも働くことにだけ関心がある。
- 勉強を辞めてでも給料をすぐに手に入れたいと思ってしまうから。
- 勉強を続けるよりも、働くことによって早くお金を稼げることを知っているからだと思う。
- 勉強をすることよりお金を稼ぐことの方が簡単なので、そちらを望んでしまう。
- 多くの人が勉強するよりも仕事をしたいのだと思う。
- 仕事が見つけやすいから簡単に勉強することを辞めてしまうのだと思う。

その他

- 多くの場合、外国人の子どもと親は日本人とは同じ権利を持てない。そのため、良い仕事に就くことは決してないのだと思い、いっそのこと現実的に働いてしまった方がいいと思ってしまう。
- 進学はそれぞれ個人の決断である。今の若者は日本での未来を考えていないのと周りの人からの手助けがないからだと思う。
- 母国に帰ることを考えているから。働きたいから
- 私には、子どもが3人おり、2人が大学在学中、1人は高校生である。南米人の学力が低いことに対しては、同意である。
- この研究結果に関しては知らなかったが、子どもが日本で中学を卒業したら母国に帰りたいと思っている親はたくさんいる。これに近い例で言うと、ペルーに帰った夫の姪はペルーの大学に通っていて、両親は日本にまだ

残っている。

・ この件に関しては色々な視点から分析できると思う。①子どもには勉強面において言語の問題があり、その際に手助けができなかったこと。わからないまま進級してしまい、中学校にもなると問題が山積みになっていく。すると子どもたち自身が、勉強を必要のないものと感じてしまうのだと思う。②親の中には今こそが将来のために何かできる時期だということを考えずに、子どもが勉強できないなら仕事をさせた方が現実的だと考えてしまう人がいる。

・ 残念な事である。親はもっと子どもに対して粘り強い気持ちを持って子どもに勉強をさせるべきである。仕事をさせて満足しないことである。

・ みんな進学するべきである。

・ 子どもたちにもっと勉強に対する関心を持たせて、支援していくべきである。

・ 南米からの移民は、フィリピン人や韓国人のようにそこまで歴史が長くないから。

・ 全体的に、外国人より日本人の方が色々な権利を持っているということはとても不条理である。いじめは無視されるし、役場は病院に通訳も配置していない。

・ 南米人は繊細で被害を受けやすく、文化が違うこともあって結果としていじめが起こってしまい、学校を辞めてしまう。

・ 一般的に南米人の子どもの進学率が低い結果になるのは、能力差があるので国語・数学といった教科では学力を競わせるのが難しいからだと思う。

・ 全てにおいてとても難しく、よくわからないことばかりである。

・ 生徒に対する関心が少ない。教育に関する出費が高い。給料が安い

・ その家庭内の状態にもよる。

・ 日本語が出来るのに、勉強を継続しないのは残念である。しかし家庭・家族のモチベーションや経済的な環境による影響は大きいと思う。

- 日本社会との適応不足や言葉、情報、経済的な事に関して不都合なことが沢山あるからだと思う。
- 言葉の問題または経済的に不足しているからである。
- 若者が自身の利益のために勉強することが最も重要なことだと思っていないことは悪いことだと思う。それを踏まえても経済的な問題があると思う。
- 家庭や周囲の友達の環境が大きく関係するのだと思う

満足度に関する自由記述

　以下、「日本での生活の満足度」に関する回答（「満足している」（47人）、「おおむね満足している」（68人）、「どちらともいえない」（12人）、「あまり満足していない」（9人）の理由を聞いたことへの回答である。

①「満足している」理由に関する記述
- 今のところ、自分なりに満足した収入と生活を得ているから。
- 目標に対して乗り越えようとする意志があるから。子どもたちの努力が顕著に表れている。
- 仕事をしており、家族の近くにいるから。
- 日本でたくさんのことを手に入れられたし、日本文化についてもたくさん知ることができた。仕事では専門的に成長できたと思う。
- 安全性と自分の子どもたちにより良い人生を与えられるから。
- 経済的なことや治安に関して、ペルーではできなかった機会があるから。
- 生活の安定と安全があるから。また、長期間在住していくうちに何よりも大切である家族を作れたから。
- なぜなら、他の言語、文化、習慣を知ることができたから。時間が経過するにつれて適応できたし、新しいことを覚えられた。例えば、他人にしての敬意、ごみの分別、子どもの勉強の様子を見に学校に行くこと、PTA

など。確かに言語の壁はあるが、少しずつ乗り越えられる。（このアンケート調査に対して）頑張って下さい。

- ペルーにはない安全が日本にはあるから。
- 家族を作ることができてとても幸せだから。
- 学歴があるから。
- 私は日本での生活に慣れ、ここで家族を作ることができて幸せである。
- 家族がいるのと仕事が安定しているから。
- 家庭内の経済的状況が改善され、子どもにより良い教育を与えられたから。
- 最初は言語や習慣のせいで適応が難しかったが、日本は人間的な面を含め様々な面で成長する機会を与えてくれた。理解や共有できないことは未だにあるが、それは世界のどの国でも起こり得ることだと思う。
- 家族全員が一緒にいられて、経済的な安心と安全があるのでとても嬉しく感じている。日本には感謝している。
- 安全（治安の良さ）などの生活環境がとても好きである。
- 日本に来たことと、子どもが幼稚園から大学まで学び、東京で他の日本人と同じように仕事に就いていることは、親としてとても満足なことだと思う。20年前来日した時は、今のように外国人のための制度も手助けもほとんどなく、言葉も含めて全てが今と違った。
- 日本に来たことで、当初考えていなかった目標を達成することができたことにはとても満足している。例えば、子どもが大学を出て日本で定職に就けたことである。もう1つは、最初は母国で持ちたかった家を日本で持てたことである。
- 子どもたちが教育の課程を終えるまで、そばにいることができるから。
- 安心と安全があるから。
- 私はカトリックであり、これは神が与えた道である。
- なぜなら、私の計画を実現することができたから。有難いことに、私の3人の子どもは定職に就いている。

- なぜなら、有難いことに教育課程を終えつつある優秀な娘がいるから。
- 言葉は難しいし、仕事にたくさん時間を取られるが、努力の甲斐と規則正しい生活のおかげで自分の人生の目標が実現した。日本は技術の進歩もあって、快適な生活を与えてくれた。心配事といえば、数年間支払った年金で老年期に生活していけるかということである。
- 日本では教育を続けて受けられる環境があり、その他すべてのことに関して安全で安定しているからである。
- 新しい文化、習慣、権利を知り、得ることができたから。
- 生活の全てが変わった。より良い給料がもらえる。安全、清潔、きちんと整備されているから。現実的な将来の夢を娘に与えられる。日本文化を知ることができた。家族と一緒に生活ができる。
- なぜなら、母国に帰る頃までには、描いた目標すべてを達成できそうだからである。
- 日本にいることで、経済的に厳しい状況に置かれていたペルーにいる家族を助けることができるのでありがたく思う。その上、日本での生活はとても安全で、ペルーみたいに犯罪、強盗、暴力がなく、安心できるので好きである。
- 日本は平和な国である。安全である上に文化がとても良い。
- 家族を養うことが出来て2人の子どもが大学を卒業することができるからである。近いうちに安心して家族と一緒に母国に帰ることができ、より幸せになることができると思うから満足していると答えた。
- 慣れたから。
- 家族を養いより良い生活を送ることができたから、満足している。
- 主な理由として、日本では南米のような社会的問題（例えば、犯罪、治安、雇用不足、貧弱な教育）が少ない。
- 日本政府と入管法の改正によって日本で仕事ができ、家族を経済的に支援することが出来た。今、子どもは勉強ができていて、とてもうまくいって

いる。今、子どもは大学への進学を考えていて、そういう子どもに対する
支援にも感謝している。日本に対してとても感謝している。
・ 家族と落ち着いて生活できること、暴力がないこと、そして経済的に確実
な仕事があるので、この国にいられることが嬉しい。今では、日本での生
活に適応し、しっかりと納税もしており、日本の習慣を尊重できている。
・ 日本に来ることによっていくつかの目標が達成でき、自分の仕事で生計を
立てることができる家族がいる。そして、誰もが憧れるマイホームを購入す
ることができた。

②「おおむね満足している」理由に関する記述
・ ペルーに残した家族のために働かなければならないから。
・ 便利さがあるから。
・ ここで住む（日本に永住する）なんて考えたこともなかった。
・ 子どもは日本でレベルにあった勉強ができたし、努力を通じて目標を達成
できたと思う。逆に、私たち親は自分たちのキャリアや人間関係を犠牲にし、
人間的に成長しなかった。
・ 自分の子どもに十分な教育を与えることが出来た。
・ 言葉が難しいから。
・ なぜなら犯罪が多発するペルーとは違い、日本での生活は安全であるか
ら。仕事があれば経済的に安定で安全な生活を送ることができる。日本
の清潔さや規律、整備されているところも重要である。
・ 日本はペルーより環境が整備されていて清潔である。
・ 母国では将来が不安である。
・ なぜならこの国で子ども、友人ができたから。仕事では良くしてくれる上
司と同僚がいるから。
・ 家庭、仕事において安定を得られたことに満足している。あとは子どもが
勉強をして目標を達成するのを待つだけである。

- 来日当初のペルーでは不可能だった仕事と経済的な安定を手にすることができたから。
- 経済面で、家族に良い生活をさせることができるから。
- なぜなら働くことができて安心感があるから。また、家族に必要なものをすべて与えることができるから。
- 日本ですべて欲しいものを手に入れることはできなかったので100％満足していないが、日本での経験は私にとって良い財産になった。
- 仕事の機会がある。子どもの教育ができる
- 経済的な面では自分の目標を大いに果たすことができたが、子どもが幼児だった頃にペルーに置いて来日したので、子どもの成長を見られなかった。その点ではまだ完全に目標を果たせていない。子どもの成長過程での喜びや悲しみを一緒に過ごせなかったから。
- 文化が違うからである。仕事では、信じられないほど働くので、経済的な心配がない。尊敬と誇りに思う姿勢もすばらしいと思う。
- ペルーでは雇用機会が少ないため、日本みたいに家族を養えることができないから、満足している。
- 出稼ぎに来た時代はペルーで仕事があまりなく、向上することができなかった。その時に日本に出稼ぎに来る機会を得た。振り返って、後悔していない。恐らく今の若い人は、昔と比べて状況は変わったと思う。
- 経済的に良いから。
- 私の子どもたちは日本で不自由なく暮らしている。
- 母国ではなかった安心と安全があると感じている。
- 私が日本にいる唯一の理由は、子どもたちが勉強をして成功を掴むことを望んでいるからである。
- 規律などが整備されており、安全と教養があるから。
- 経済の安定性と子どもたちへの教育が良いから。
- 母国でのとても厳しい時代（90、95年）を経て、否応なく来日した。当初

は2年だけと考えていたが、日本で生活していくにつれて考え方が変わり、家族を連れてきた。今では幸せなおじいちゃんである。

・ 日本には仕事があり、安心と安全があるから。

・ はい。なぜなら、日本は子どもが安心して勉強できるから。

・ 私は外国人であり、母国を恋しく思う。しかし同時に母国では日本にあるような安定した生活を送ることができないということを自覚している。

・ 日本には安全があり働くことができるから。

・ 日本に住むほうがより安全である。

・ なぜなら、日本では常に仕事を持っていたし、何か足りなくなるということが一切なかったから。仕事をすることで日本で快適に生活し、ペルーにいる家族を支援することができているから。

・ 母国よりも日本での生活環境のほうがより良いので満足している。街での暴力や治安の悪さが母国よりもなく、安全で安心に暮らせる。税金や言葉や情報不足によるコミュニケーションの難しさはあるが、生活における環境や健康保険はより良いものであり、時間が経つにつれて慣れてきて、言葉も覚えてきた。安全に暮らせる日本が好きである。

・ 私の息子は来日（5歳の時）してから日本で勉強していて、現在は東京で働いている。私は家を購入することができたし、仕事を得ることができたから。

・ 最初は考えもしなかったことを叶えられたので、満足している。一番重要なのは息子がここ日本で職に就いて働いていることと、考えもしなかった持ち家を持てたことである。心配なことは年金のことである。

・ 良い仕事があり諸経費を支払えるうちは乗り越えられるが、重い病気などをするとどうにもできないことがあり、母国に帰りたくなる。

・ 日本の法律や条例は日本人のために作られているものだということをいつも考えている。つまり、外国人は受けいれられていなくて、最終的に帰国してしまう。これは、外国人が生活し続けているアメリカやカナダでは起こらないことである。

- 日本の文化を知ることができたうえに、働いてペルーにいる家族の手助け をすることができた。同じようにペルーに帰ってからの未来を描くことがで きているので満足である。
- なぜなら、日本にはたくさんのものを与えてもらったから。
- もっと子どもの手助けができるように、日本語を 90％ 話したり書いたりで きるのが理想だと思うので、「おおむね満足している」を選んだ。
- 日本で経験したこと全てには満足しているわけではないが、ペルーに居て は日本より良い生活を送れなかったと思うから。
- 私一人と 3 人の子どもで困難を乗り越えることは難しかったけど、日本では 良くても悪くても子どもと一緒にいることができる。
- 気にならないことの方が多いけど、やっぱり差別はたまにあるから。
- 私の両親を手助けするために貯金ができるから。
- 仕事があり、良い生活を送れているから。
- 生活の質が良いことと経済的に余裕があるから
- 言葉が分からないから。
- なぜなら、日本では生活費を支払うことができ、安心安全で清潔で権利 があるといった点で、ペルーとは違う有益な生活スタイルを経験することが できたから。
- なぜなら収入があり、違う文化を知ることができたから。
- 経済的な理由。ペルーにいる子どもの教育費を支払うことができるから。
- ペルーでは収入が十分でなくて生活できず、子どもが高校生の時に出稼ぎ に来て、4 人の子どもの学費を仕送りしていた。何年か経ち、日本の安全 なところなどすべてのことに慣れてしまったので日本に残っている。日本は 環境が整っていて安心な国である。
- 私には 4 人の子どもがおり、夫と一緒に勉強させることができている。し かし、大学進学を迎えた時が心配である。4 人とも入学でき、職に就ける ことを願っている。

- 安全な国であり、収入があるから。
- 日本で暮らしていくには良い面と悪い面があるから。
- いつ帰れるかの見込みがないままペルーに家族を置いていかなければならなかったので、「おおむね満足している」と答えた。しかし現在は日本での生活には満足している。
- 経済的な理由と仕事の安定性。
- 今まで私の子どもたちは良い教育を受けていて、日本文化も私たちの日々の生活を良いものにしている。日本で受けた恩恵に感謝している。
- 給料が良く、市民の安全が守られているから。
- 給料などの経済的な理由から。
- 安全な国であるから。
- 良い経済的な補償があるからあらゆる問題を解決できたが、ペルーにいる家族との距離を開けてしまったことは大きなダメージであった。
- 日本にいたおかげで問題なく、子どもたちにすべてを与えることができた。だから満足していて、ありがたく思っている。
- 日本で仕事の経験ができ、独立ができた。ペルーでは、学生だったから両親に頼っていた。

③「どちらともいえない」理由に関する記述
- 良い部分と悪い部分がある。生活は経済的に安定しているが、とても退屈である。
- 初めはよかったが、2009年と2010年の経済危機により、私の意見が少し変わった。
- 私が結婚を決めて子どもができた時に来日したが、定職（専門的な職）に就くという計画を実現できなかった。日本では経済的な問題で日本語を覚えることができず、市役所が実地する無料の日本語教室も時間帯が合わない。

・ 日本では大変つらいことがある。仕事で稼げるが他に問題がある。

・ 仕事においては良い面もあるが、たくさんの時間を仕事で奪われて進歩がなく、決まった仕事しか出来ないと気づいた時には心配になることがある。そして生活費が高い。

・ 言葉はとても難しく、役場の手助けなしでは何もできない。仕事もしていないと子どもが保育園に入園するのも難しくなる。

④「あまり満足していない」理由に関する記述

・ 個人的には、私が望んだように成長できていない。与えられる機会の少なさや日本語が分からないことなどから、上を志すことが出来ない。私たちは工場の労働者で我慢している。

・ ペルーでは、自分の専門を活かした好きな仕事をしていたが、日本では労働者である。でも、子どもにたくさんの機会を与えてくれるから日本は好きである。

・ 自分の給料に対して生活にかかる出費や税金がとても高いから。

・ 年齢、仕事の求人、給料の面など。

・ 何かを勉強する時間がなかった。情報を得づらい。

・ 悲しいことに、外国人であるが故に私たちが望むように向上できない。ただの労働者や従業員として我慢するしかない。

・ 満足していないのはペルーで携わっていた職に従事していないからである。一方で、日本で子どもたちと一緒にいれて嬉しく感じている。

・ 私は心臓の病気があるため仕事ができないので、自治体の援助のもと生活している。心臓の手術も出来ない状況にある。

・ なぜならたくさん差別があるからである。私たちは愚かな世界から来たのだと思われていて、外国の子どもと区別する意識を日本人の子どもは持ってしまい、学校の先生は職業倫理がないのでそれに加担している。さらに学費が高いことも大きな問題である。借金も多く、高校生のための学費

220

の補助もなく、外国人が日本で競争していくことは難しい。

・ 来日当初は仕事がたくさんあった。でも、時間が経つにつれて、娘が高校を修了してから支援できるかどうかの心配に駆られる。娘には一生工場で働いてほしくない。個人的には、来日したことによって専門職に就けなかったことに挫折感を感じている。長い間、仲介業者は利用せず、直接雇用で働いてきた。でも、社会保険への加入の機会を与えられなかった（知らなかった）。今、高齢になって将来的に年金が受給できないとわかっていても、社会保険に加入することを要求される。

「その他」（満足度について回答しなかった方の記述）
・ 最近では日本語能力を向上させるための支援がたくさんあるので、より良い教育を受けるためによく調べて、活用することが大切である。

日本とペルーとの関係史簡易年表

1614（慶長 19 年）	日本人 20 人在住（リマ市人口調査で最古の記録）
1872（明治 5 年）	ペルーのマリア・ルス号事件
	横浜港に停泊中のマリア・ルス号から苦力の清国人一人が脱走し日本側に救助要請。日本が国際裁判の当事者となった初の事例。
1873（明治 6 年）	日秘修交通商航海仮条約締結
1875（明治 8 年）	日秘通商航海条約調印
1898（明治 31 年）	日本移民入国許可の大統領令交付
1899（明治 32 年）	第一回日本人移民ペルー到着（男性 790 人、日本郵船佐倉丸）
1906（明治 39 年）	最初の契約期間の 4 年から大幅縮減
1910（明治 43 年）	日本人同志会創立、初代会長小泉秀次郎
1912（大正 1 年）	日本人協会創立、初代会長森安三郎（1913 年選出）
1913（大正 2 年）	南米最古の邦字新聞「アンデス時報」創刊
1917（大正 6 年）	ペルー中央日本人会（中日会）発足
	日本人同志会及び日本人協会の統合
1923（大正 12 年）	契約移民の廃止（9 月まで継続、計 82 回、合計 21,420 人）以後、呼寄せ移民や自由移民として渡秘
1924（大正 13 年）	日秘修好通商航海条約締結（1930 年批准）
1927（大正 16 年）	排日新聞記事対策のため中央日本人会に特別対外委員会設置
1930（大正 19 年）	サンチェス・セロ革命でレギア政権を打倒（リマで日本人被害）
	以後、日本人が他の外国人と比較してペルー社会に参入しペルー人の生活を脅かす存在になったとして次

	第に明確な反日感情が芽生える
1932 (昭和7年)	内外人雇用立法 (八割制限法) 成立
	従業員の8割はペルー人、同族経営の日本人商店に大打撃
1934 (昭和9年)	日秘修好通商航海条約破棄・綿製品輸入割当法の発布
	ペルー紙「ラ・プレンサ」の排日キャンペーン開始
1936 (昭和11年)	移民営業制限に関する大統領令公布
1937 (昭和12年)	日秘文化協会創立初代会長アリアス・ボンメーソン
1940 (昭和15年)	リマで反日暴動 (グラン・サケオ) 勃発
1941 (昭和16年)	日米開戦　ペルーも日本に宣戦布告 (1942年2月12日)
1942 (昭和17年)	対日断交の通告 (1月24日)
	邦字新聞と日本人学校の閉鎖、日本人3人以上の集会禁止
	邦人資産の凍結、邦人企業のペルー政府の管理下
	日本人約2000人を北米の戦時収容所に強制移管 (~1945年)
	捕虜交換員として米国に強制追放、日本に強制送還
1946 (昭和21年)	日本人の組織再編開始
1947 (昭和22年)	日本人集会禁止令と日本語使用禁止令の解除
1950 (昭和25年)	株式会社ペルー新報社創立
1952 (昭和27年)	日秘間の国交再開 (6月17日)
	リマ市に日本公使館再開
1953 (昭和28年)	ペルー中央日本人会復活
	ペルー各地に日本人会の復活
1955 (昭和30年)	日本人資産凍結解除

1959（昭和 34 年）	移住 60 周年記念祝賀会（ラ・ウニオン運動場）
1961（昭和 36 年）	日秘通商協定調印
	日秘通商協定批准書の交換
1962（昭和 37 年）	邦人凍結資産 152 万ソーレス余返還
1963（昭和 38 年）	1940 年暴動の賠償金支払い約束
	（日本大使とペルー外相）
1965（昭和 40 年）	日秘文化会館建設開始・東京銀行リマ支店開店
1967（昭和 42 年）	日秘文化会館開館
1969（昭和 44 年）	日秘商工会議所設立・日系人社会総合調査実地
1972（昭和 47 年）	査証免除取極（1971 年 12 月締結、1972 年 2 月発効）
1973（昭和 48 年）	日秘修好 100 周年記念式典挙行
1979（昭和 54 年）	青年海外協力隊派遣取極
1989（平成元年）	移住 90 周年記念式典開催
	日秘友好の日（4 月 3 日）の公式決定及び日系人調査実施
1990（平成 2 年）	アルベルト・フジモリが初の日系人大統領就任
	日系人の日本への出稼ぎが本格的に始まる
1991（平成 3 年）	テロ組織センデロ・ルミノソ（Sendero Luminoso）が国際協力事業団（JICA）の農業技術専門家 3 人を殺害（以後、派遣の凍結、2007 年に再開）
1995（平成 7 年）	フジモリ大統領再選
1996（平成 8 年）	日本大使館公邸占拠事件
	（12 月 17 日～翌年 4 月 22 日）
	トゥパク・アマル革命運動（MRTA）による襲撃で、人質の判事と兵士 2 人の犠牲と犯人 14 人全員の死亡で解決
1999（平成 11 年）	ペルー日本人移住 100 周年記念式典開催

2000（平成 12 年）	フジモリ大統領辞職（11 月 20 日）
	2009（平成 21 年）投資協定（2008 年 11 月署名、
	2009 年 12 月発効）
2012（平成 24 年	経済連携協定（2011 年 5 月署名、2012 年 3 月発効）
	日秘外交関係再開 60 周年

参考文献

・田中重太郎『日本人ペルー移住の記録』ラテンアメリカ協会、1969 年

・日本人ペルー移住八十周年記念誌『アンデスへの架け橋』日本人ペルー移住八十周年祝典委会、
　1982 年

・伊藤力、呉屋勇編『在ペルー邦人　75 年の歩み』ペルー新報社、1974 年

・アメリア・モリモト『ペルーの日本人移民』日本評論社、1992 年

・細谷広美『ペルーを知るための 62 章』明石書店、2004 年

・柳田利夫『リマの日系人―ペルーにおける日系社会の多角的分析―』明石書店、1997 年

・その他、外務省など関連機関のホームページ参照

おわりに

　人類の歴史は移民の歴史である。昔から男性も女性も、物質的あるいは精神的な改善を求めて新しい道を開拓し、移動を繰り返し、長距離を移動してきた。

　100 年という時間的空間を超え、日本人ペルー移民と日本へ「還流」した日系ペルー人は、自分たちの生活を改善するため、そして後世のためにより良い未来を残すという同じ夢を持って移動した。かれらを両国へ向かわせたものは何だったのか。100 年以上前に日本人をペルーに向かわせ、100 年後に日系人を日本に向かわせたものは、その時々の送り出し国におけるプッシュ要因と受け入れ国におけるプル要因である。両国における構造的な変化は、民間活力に利用されつつ、大量の人の移動を促した。

　太平洋の広大さは、最も離れた 2 地点からの男性と女性の移動によって縮小され、北半球と南半球がある意味結ばれた。そのため太平洋は、かれらが抱いていた夢と希望の静かな証人となった。それは、それまでの生活とは異なった物質的・精神的な豊かさを可能にしてくれる夢と希望、未知の世界に直面する不安・不確かさよりもより大きな夢と希望の証人であった。一方、太平洋は移動する人たちが旅立ちの時に流した悲しみの涙の証人でもあった。

　しかしながら、日本人と日系人がともにおそらく当初考えもしなかったことは、移民先に根を下ろすことであった。日本人ペルー移民は、日本とペルーの経済的、政治的背景を理由に日本への帰国を延期する中でペルー社会へと適応していった。かれらと同様に、日本在住日系ペルー人も母国の経済、政治情勢のために日本在住を延期し、日本を第 2 の故郷にした。そのため日本人ペルー移民と日本在住日系ペルー人は、受け入れ社会に定住すること

を決断するとともに子どもを育て教育するなかで、母国に帰還するのではなく、移民先に定住する道を選択するようになった。このようにしてかれらが抱いていた展望と優先事項が変化し始めた。将来の故郷での豊かな暮らしのために貯金することは依然重要であったが、第2世代の教育への投資がより重要になっていった。

1990年代初めから日本に移住し始めた日系ペルー人の場合、短期滞在者から長期滞在者への変化は、在留資格の定住ビザから永住ビザへの変更を強く願う在日ペルー人の急増に顕著に見られた。さらに、日本社会への定住志向は、かれらと受け入れ社会である日本にそれぞれ大きな変化を及ぼすこととなった。展望と優先事項に変化が見られる中で、生活様式も変わり、新しい目標ができる。ペルー人は、単なる出稼ぎ労働者から日本社会の一員として新たな役割を担うことになる。このようにして、それまでペルー人移民と関連のなかった事項が自治体、政府レベルで公的に議論され始める。

議論される最も重要な問題の1つが第2世代の教育についてであろう。それは、かれらが日本で成長過程の重要な時期に教育に受けたことによって、日本社会への積極的な参加が要求されるためである。この問題は同時に、日本語の習熟、高等教育への進学、教育と労働市場の関係、社会統合などの事項と関連している。

現在では明確になった日本永住の傾向が見え始める中で、ペルーへの帰国という逆の現象も存在している。第1世代の中には目標の貯金額を達成して帰国した人もいれば、個人的及び家庭内の多様な問題(日本社会への不適応、病気、夫婦問題、高齢者の介護)を理由に帰国をした人もいた。その場合、かれらの多くは、日本生まれの子どもと帰国している。両親と帰国した子どもがいる中で、再度家族の分裂を経験しなければならない子どももいる。親の母国での新たな適応がかれらを待ち受けていた。

「還流」と呼ばれる日本へのペルー人移民は、ブラジル人に比べればはる

かに少数であるが、受け入れ社会の日本と送り出し社会のペルー間での架け橋的役割を担ってきたことは間違いない。この架け橋は弱体化していた日系社会と祖先の故郷の文化の関係を強化していると言えるだろう。具体的に言うと、ペルーへと帰国した人たちは、人口数において意味のある数値を再び日系社会に取り戻させているだけではなく、ペルーの日系団体の共通の目標である日本文化の継承や発展に貢献し始めているし、今後もしていくだろう。日本へのペルー人移民の動向が日本およびペルーでの日系社会にどのような影響を与えてきたのか、あるいは与えていくのか。この問題は、多面的に見ていく必要がある。しかしながら、この移民は日系社会と日本文化の両方に接近することが出来る。かれらが「新しい風」となってペルーの日系社会に有益な効果をもたらすことが期待される。

　本書は、主に戦前にペルーに移住した日本人の子孫である人たちの日本での生活に焦点が当てられている。第1章では、大人8名の証言を基に、かれらが外国人労働者として来日し、日本で暮らしてきた過程が描かれた。かれらは、来日当初は一時的な労働者または出稼ぎ者であったが、次第に移住を決断していった。これは、かれらに共通に当てはまる変化であった。第2章では、日本で育ち、教育を受けた第2世代の証言に焦点が当てられた。かれらは日本の労働市場に進出している。第2世代は、親と日本の様々な地域で生活を共有する一方で、親とは異なったかれら独自の経験をしていた。第3章では、同じ第2世代でも様々な理由でペルーに帰国した者を取り上げた。帰国によってかれらは、日本での生活によって身につけた日本的な価値観や習慣を準拠枠にしながら、親の母国への適応を図っている。最終章では、栃木県で実施した在住ペルー人に対するアンケート調査の結果がまとめられている。以上の4章を通して、本書は、越境するペルー人（外国人労働者、日本で成長して大人になった若者、「帰国」した子ども）の生活実態と意識に迫った。

本書は、日本とペルーで出会った3名の個人及び共同研究の成果である。出会ったころから、私たちの間で話題になるのは、常に越境するペルー人に関することであった。それぞれが独自的かつ学術的な視点で在日ペルー人と関連する問題への関心を共有していたと言えるだろう。

　越境するペルー人を取り上げた本書が、この分野に関する数少ない文献に加わることで、越境するペルー人への理解が深まることを期待している。ペルーでは日本へのペルー人移民に関する学術的な関心がほぼ存在しないのが現状であり、この面に対しても一石を投じたいと考えている。ペルー人は、在住外国人の中のマジョリティではないが、かれらの動向が日本社会および日系社会に与える影響は決して小さくない。一般的に言えば、高齢化と少子化が急速に進む日本社会において、日本社会を支える一因としての外国人への期待は高まって行くだろう。このような関心にも引き付けて、ペルー人の動向を注視していきたい。

　本書は、平成26年度文部科学省科学研究費補助金基盤研究（A）「将来の『下層』か『グローバル人材』かー外国人児童生徒の進路保障実現を目指してー」（研究代表者　田巻松雄）の研究成果の一部を含んでいる。聞き取り調査では、国際学部生の丹治真奈・佐藤乃巴桂・荒井絵理菜（調査時2年）さんと木村友美（調査時4年）さんの協力を得た。アンケート調査結果のデータ整理と本書全体の編集・校正においては科学研究費補助金研究支援者の田巻里奈さんの協力を得た。なお、本書は国際学部の支援を受けて、国際学叢書として刊行された。インタビュー調査回答者を始め、調査と本書の刊行にご協力いただいたすべての皆様に心より感謝申し上げたい（スエヨシ・アナ）。

〈編者紹介〉

田　巻　松　雄 （たまき・まつお）

北海道夕張市生まれ。1996 年より宇都宮大学国際学部に勤務。2013 年より国際学部長。地域社会論、国際社会論などを担当。著書として、『夕張は何を語るか　炭鉱の歴史と人々の暮らし』（編、夕張の歴史と文化を学ぶ会協力）吉田書店、2013 年、『地域のグローバル化にどのように向き合うか―外国人児童生徒教育問題を中心に―』下野新聞社、2014 年、等。

Sueyoshi　Ana （スエヨシ・アナ）

ペルーのランバイエケ州チクラヨ生まれ。日系 3 世。2006 年より宇都宮大学国際学部に勤務。ラテンアメリカ論、スペイン語等を担当。著書として、*Collective Action: Selected Cases in Asia and Latin America*（共著）, University of Colima, Mexico and Utsunomiya University, Japan, 2011、等。

宇都宮大学国際学部国際学叢書第5巻
越境するペルー人
外国人労働者、日本で成長した若者、「帰国」した子どもたち

平成27年3月23日　初版　第1刷発行

　　　　　著　者：田　巻　松　雄
　　　　　　　　　Sueyoshi Ana

　　　　　発行者：宇都宮大学国際学部
　　　　　発行所：下野新聞社
　　　　　　　　　〒320-8686 宇都宮市昭和 1-8-11
　　　　　　　　　電話 028-625-1135（事業出版部）
　　　　　　　　　http://www.shimotsuke.co.jp
　　　　　印刷・製本：晃南印刷株式会社
　　　　　装丁：デザインジェム

　　　　　©2014 Matsuo TAMAKI
　　　　　　　　Sueyoshi Ana
　　　　　Printed in Japan
　　　　　ISBN978-4-88286-574-2　C3036

＊本書の無断複写・複製・転載を禁じます。
＊落丁・乱丁本はお取り替えいたします。
＊定価はカバーに明記してあります。